AF294535

Simone Neusüß

Friedhofsführer Landau-Nußdorf

Historische Grabsteine in Nußdorf/Pfalz

Elke Engelhard
(1944 – 2018)
gewidmet

Simone Neusüß

Friedhofsführer Landau-Nußdorf

Historische Grabsteine in Nußdorf/Pfalz

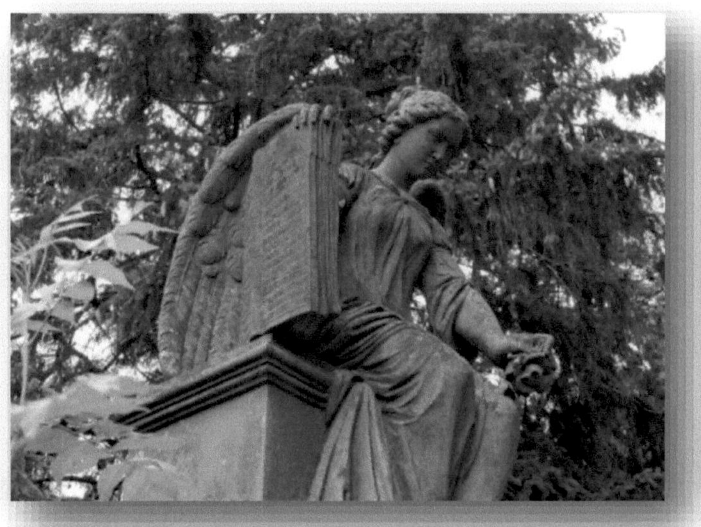

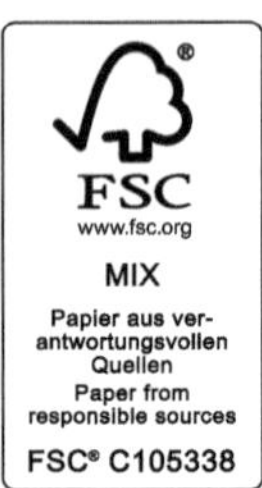

FSC
www.fsc.org
MIX
Papier aus ver-
antwortungsvollen
Quellen
Paper from
responsible sources
FSC® C105338

Bibliografische Information der Deutschen Nationalbibliothek: Die Deutsche Nationalbibliothek verzeichnet diese Publikation in der Deutschen Nationalbibliografie; detaillierte bibliografische Daten sind im Internet über dnb.dnb.de abrufbar.

©2020 Historischer Arbeitskreis Bauernkriegshaus Nußdorf/Pfalz e. V.
Text: Simone Neusüß, Historischer Arbeitskreis
Fotos: Simone Neusüß, Historischer Arbeitskreis

2. Auflage 2021

Herstellung und Verlag: BoD – Books on Demand, Norderstedt.

ISBN: 9-783755-757818

Inhaltsverzeichnis

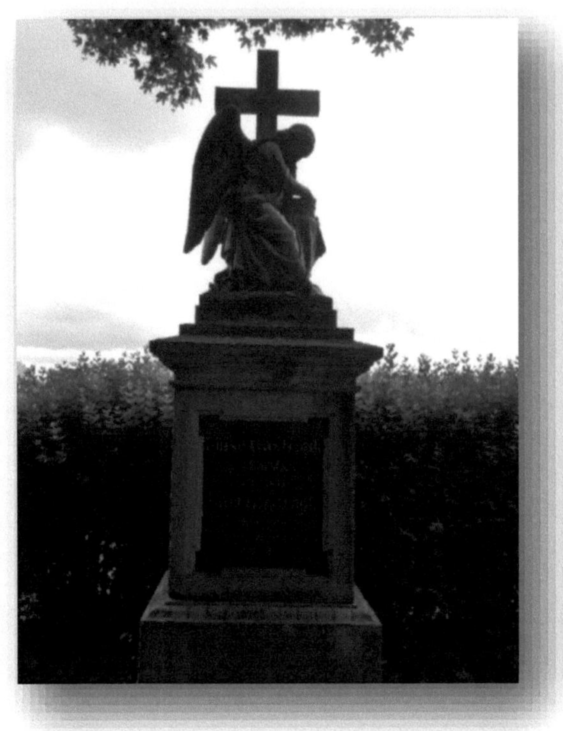

Nußdorfer Friedhofskultur

Er gehört zum Leben, aber er ist schwer zu akzeptieren, und manchmal erscheint er uns sinnlos: der Tod. Unserer Vergänglichkeit setzen wir seit Jahrhunderten den scheinbar unvergänglichen Stein entgegen, in den wir die Namen unserer Verstorbenen meißeln lassen. Wenn wir die Lebenden nicht halten können, so wollen wir zumindest die Erinnerung an sie, in Stein und Metall, dauerhaft bewahren.

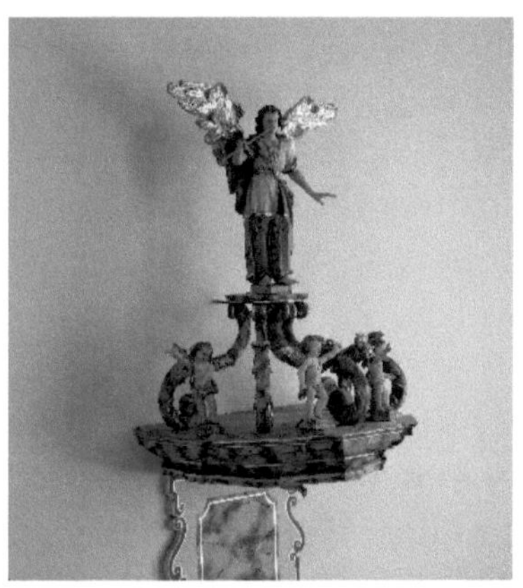

Im Folgenden erhalten Sie eine kurze Einführung in die historische Nußdorfer Friedhofskultur. Unsere Bestattungssitten orientieren sich stets an unseren jeweiligen Jenseitsvorstellungen. In der Spätantike war das Nußdorfer Areal geprägt von römisch-keltisch-orientalischen Kulten. Es folgte die Christianisierung in alemannisch-fränkischer Zeit. Durch die Reformation um 1550 bildeten die Lutheraner vor den Katholiken und Reformierten die Mehrheit im Dorf. Nach der Pfälzischen Kirchenunion von 1818 war die protestantische Gemeinde vor der katholischen und der altkatholischen die größte.

Mehrere Friedhöfe lassen sich in Landau-Nußdorf historisch nachweisen: der Kirchhof, ein Pestfriedhof, ein Privatfriedhof, der heutige Friedhof und ein Soldatenfriedhof.

- Auf eine spätantike Nekropole deutet die römische Sarkophag-Platte hin, die 1990 im Kirchgarten gefunden wurde.
- Im Mittelalter dienten die Kirche und der Kirchhof als Bestattungsorte.
- Während der Pestepidemie von 1666/1667 wurden die Toten auf dem Gelände nördlich des Kirchhofs verscharrt.
- Bis um 1750 stand ein barockes Beinhaus auf dem Kirchhof.

- 1756 stiftete das Ehepaar Zimpelmann-Keller das Gelände nördlich des Kirchhofs als neues Friedhofsareal.
- 1824 wurde der Privatfriedhof Pfaffmann-Spitzfaden westlich des Kirchhofs angelegt (heute Garage des Pfarramts).
- Seit 1830 wird der heutige Friedhof nördlich des Kirchhofs genutzt.
- Bis Ende des 19. Jahrhunderts befand sich ein Soldatenfriedhof für Landauer Militärs auf Nußdorfer Gemarkung (heute Pfalzwerke Netz AG).

Auf den folgenden Seiten werden Ihnen einige historische Grabmäler in Typologie und Ikonografie auf dem Kirchhof und dem Friedhof vorgestellt, die als Zeugnisse der Nußdorfer Friedhofskultur erhalten blieben. Dabei ist es spannend zu sehen, wie sich die Grabsitten im Laufe der Jahrhunderte veränderten, welche Materialien und Formen jeweils verwendet wurden und welche Symbolsprache auf den Steinen zur Darstellung kam.

Im März 2020 fand die „Friedhofskultur in Deutschland" Aufnahme in das Immaterielle Kulturerbe der Deutschen UNESCO-Kommission. Sie beinhaltet „mündlich überlieferte Traditionen und Ausdrucksweisen; gesellschaftliche Bräuche, Feste und Rituale; Wissen und Bräuche in Bezug auf die Natur und das Universum; traditionelle Handwerkstechniken". Neben den repräsentativen großstädtischen Friedhöfen mit ihren teilweise imposanten Grabanlagen, Grüften und Mausoleen sind es gerade auch die kleinen Dorffriedhöfe, die einen persönlichen, intimeren Blick auf regionale Ereignisse ermöglichen. Aus diesem Grund wurden in Nußdorf ein paar Grabplatten auf dem Kirchhof und einige Grabstelen auf dem Friedhof erhalten und mit erläuternden Info-Tafeln versehen. Die Auswahl der Steine erfolgte aus unterschiedlichen Gründen, wie beispielsweise „dorfgeschichtlich relevant" (z. B. Ehrengrabstätte) oder „kulturhistorisch bedeutsam" (Kulturdenkmal), manche blieben auch einfach durch Zufall erhalten.

Historischer Arbeitskreis Bauernkriegshaus Nußdorf/Pfalz e. V.

In der Kirche und auf dem Kirchhof

Das Nußdorfer Lapidarium (Grabstein-Sammlung) umfasst auch die Barock-Grabsteine auf dem Kirchhof, der bis 1829 als Friedhof diente. Um 1750 befand sich auf dem Kirchhof noch ein Ossuarium (Beinhaus), in dem Schädel und Gebeine gestapelt waren.

Im westlichen Teil des Kirchhofs stand vom 14. bis 18. Jahrhundert zudem eine kleine Friedhofskapelle, die dem St. Ägidius geweiht war. Möglicherweise befand sich diese St.-Ägidien-Kapelle im 14. bis 16. Jahrhundert aber auch direkt im Kirchengebäude.

Der Heilige Ägidius (640 Athen – 720 Saint-Gilles) war im Mittelalter sehr populär. Im Nußdorfer Kirchenchor ist er in einer Fensterwölbung als spätgotische Wandmalerei mit seinen Attributen Stab und Hirschkuh dargestellt. Der Legende nach wurde Ägidius einst von der Hirschkuh gesäugt und rettete ihr deshalb später das Leben, indem er selbst von einem ursprünglich ihr zugedachten Jagdpfeil des Westgotenkönigs Wamba getroffen wurde. Ägidius' Pfeilwunde heilte nie aus und König Wamba gründete zur Sühne die Abtei Saint-Gilles (St. Ägidius) in der Nord-Camargue im heutigen Frankreich.

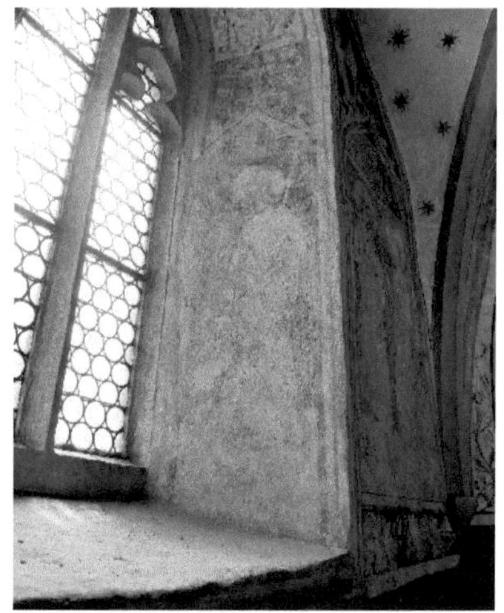

Ägidius erinnert uns daran, dass die mittelalterlichen Dorfbewohner Katholiken waren. Eine römische Sarkophag-Abdeckung oder -Bodenplatte deutet darauf hin, dass das Kirchhofgelände bereits in der Spätantike, um 300 n. Chr., als Nekropole genutzt wurde. Für diese Epoche wird eine römische Villa Rustica (Gutshof) auf dem Gelände vermutet. Diese Landgutshöfe standen zu hunderten im Hinterland des Limes (Grenzwall) und dienten der Versorgung der römischen Bevölkerung mit Agrarprodukten.

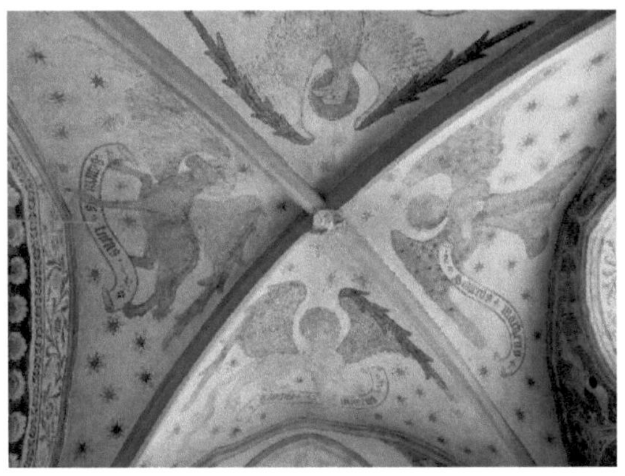

Geistliche Würdenträger und Adlige wurden im Mittelalter direkt in der ehemaligen St.-Johannes-Evangelist-Kirche bestattet (heute Protestantische Pfarrkirche), wie beispielsweise Kunigunde, die Ehefrau des Heinrich Meyschen, die 1398 im Chordurchgang beigesetzt wurde. 1911 wurden bei der Kirchenrenovierung weitere Grabplattenstücke gefunden, die jedoch nicht untersucht wurden. 1963 fanden sich beim Heizungseinbau auch Skelette in der Kirche, die ebenfalls nicht erhalten sind. Von besonderem Sozialprestige war im Mittelalter eine Grablege unmittelbar vor dem Altar.

Bevorzugte Grablegen waren früher auch direkt außen um die Kirche herum an der Kirchenmauer. Wöchnerinnen und ungetaufte Kinder wurden gern unter der Traufe bestattet. Diese „Traufkinder" sollten durch das vom Kirchendach fallende „Himmelswasser" eine nachträgliche Segnung in Form der bildhaften Taufe erhalten, also von der Sünde, in der jeder Mensch – nach katholischem Glauben – durch Erbsünde geboren ist, doch noch durch das nun geheiligte Regenwasser reingewaschen werden.

Die Verstorbenen der unteren Stände wurden in der Regel ohne Reihung und Ordnung und ohne Grabsteine in einem Leinentuch in Ost-West-Richtung beigesetzt. Bei neuen Bestattungen stieß man daher häufig auf ältere Knochen, die dann im Beinhaus „nachbestattet" wurden. Entscheidend war nicht die individuelle Zuweisung der Gebeine zu einem bestimmten Verstorbenen, sondern lediglich, dass sie in der Nähe der heiligen Kirche aufbewahrt wurden.

Im 18. Jahrhundert gab es Platzmangel auf dem Nußdorfer Kirchhof. Er lag auf der Südseite der Kirche und war aufgeteilt: Die Katholiken nutzten den östlichen Bereich, die Lutheraner den westlichen. Diese Aufteilung war eine konkrete Folge der Reformation. Nach katholischem Glauben war es wichtig, dass die Toten in der Nähe des Kirchenchors im Osten ruhten, dem heiligsten Baukörper der Kirche, der einst dem Klerus vorbehalten war und die heiligen Reliquien beherbergt hatte. Die Reformation lehnte dagegen den Heiligenglauben und den Glauben ans Fegefeuer ab. Daher mussten die Lebenden keine Fürbitten mehr für die Toten abhalten und der Weg für eine räumliche Trennung von Kirche und Bestattungsort war prinzipiell geebnet. Nach protestantischem Glauben rückte außerdem das Kirchenschiff im Westen in den Mittelpunkt, denn hier versammelten sich nun Pfarrer und Gemeinde zur Predigt in deutscher Sprache. Laut Martin Luther war Gott nicht dort, wo die Heiligen begraben lagen, sondern dort, wo Gottes Wort verkündet wurde.

Nach dem Abriss des mittlerweile baufälligen Ossuariums um 1750 wurde der Kirchhof möglicherweise ein Stück nach Süden verlängert. Darauf deuten vielleicht die drei Teilskelette hin, die 2020 bei der Neugestaltung des Dorfplatzes unterhalb der südlichen Kirchhoftreppe zum Vorschein kamen.

1756 stiftete das kinderlose Ehepaar Georg Bernhard Zimpelmann, Schultheiß von Nußdorf, und Eva Margaretha, geb. Keller, einen halben Morgen Land (ungefähr ein Achtel Hektar) nördlich des Kirchhofs für eine Erweiterung, „weil der Kirchhof unserer Evangel. Luth. Gemeinde sogar klein seye, also daß die Verstorbenen in etl. Jahren fast nicht mehr könnten begraben werden". Das Ehepaar hatte das Land neben dem Kirchhof für diesen Zweck gegen einen halben Morgen Ackerland im Böchinger Pfad bei Andreas Zimpelmann eingetauscht. Der damalige Pfarrer Georg Philipp Reinhard ließ direkt an zwei Seiten eine Mauer entlangziehen: „am Fuhrweg hinauf und oben am Fußpfad." Einige Jahre später, um 1769, wurde auch die Mauer „an Jacob Lorentzen Garten und Haus herunter" fertiggestellt: „die meisten Steine dazu haben die Fuhrleute geholt, die übrigen Unkosten wurden aus dem Almosen bezahlt."

Das Gelände nördlich des Kirchhofs hatte bereits 1666/1667 während der Pest-Epidemie als Pestfriedhof gedient. Spätestens ab 1770 hätte der neue Friedhof nun belegt werden können, das war aber offenbar nicht der Fall. Der Nußdorfer Kirchhof wurde bis 1829 weitergenutzt. Die Grabsäule des Hermann Kern von 1898 ist vielleicht ein Indiz dafür, dass es einzelne Bestattungen auch noch nach 1830 auf dem Kirchhof gab. Bis um 1856 stand der Kirchhof unter Bestandsschutz. 1873 wurde er dann gerodet. Mit Rasen, Bäumen und eisernen Toren wurde ein parkähnlicher Kirchgarten angelegt, der bis heute Bestand hat und den Zeitgeist der Romantik verströmt.

Die heutige Kirche besteht aus drei aneinandergefügten Baukörpern ganz unterschiedlicher Epochen:

- Spätgotischer Chor, 15. Jahrhundert
- Barockes Hauptschiff, 1738
- Neogotischer Turm, 1856

Zwei Grabplatten haben sich im mittelalterlichen Kirchenchor erhalten, der auch aufgrund seiner spätmittelalterlichen Secco-Wandmalerei sehenswert ist:

GRABPLATTE KUNIGUNDE MEYSCHEN. 1398, Gotik. Sandstein. Noch guter Erhaltungszustand.

Lage: Im Chorboden vor der Nordwand.
Die ursprüngliche Lage war direkt unter dem Chorbogen am Übergang zum Hauptschiff. Die Grablage deutet darauf hin, dass Kunigunde dem Niederadel angehörte. Ein Teil der lateinischen Inschrift lautet:

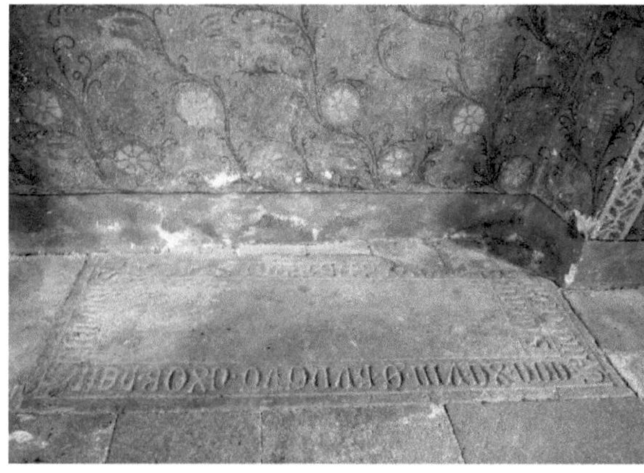

KUNIGUNT UXOR HENRICI MEYSCHEN

[Kunigunde, Ehefrau des Heinrich Meyschen]

Kunigunde Meyschen (oder Maischen), die Frau von Heinrich Meyschen, starb am 2. Sonntag nach dem Katharinentag des Jahres 1398. Die Hl. Katharina ist an der Chorwand mit ihren Attributen Buch und Rad bildlich dargestellt. Sie gehört zu den vierzehn Nothelfern. Der Legende nach lebte sie um 300 und erlitt unter einem römischen Kaiser das Martyrium.

Die Bauernfamilie Maischen war nicht adlig, aber relativ einflussreich in Nußdorf. Ein Bauer Maischen saß im Schöffenrat, einer war Schultheiß usw.

Bislang ungeklärt ist, ob die Familie sich im Jahr 1525 am Bauernkrieg beteiligte. Im 17. Jahrhundert lässt sich die Familie nicht mehr in Nußdorf nachweisen.

GRABPLATTE JOHANNES ZIMMERMANN, Pleban. 15. Jahrhundert. Sandstein. Schlechter Erhaltungszustand: Gebrochenes Fragment.

Lage: Im Chorboden vor dem Ostfenster.
Teilstück der Grabplatte des Plebanus (Leutpriester) Johannes Zimmermann. Ein Teil der lateinischen Inschrift lautet:

PLEBANUS HUIUS ECCLESIE

[Pfarrer dieser Kirche]

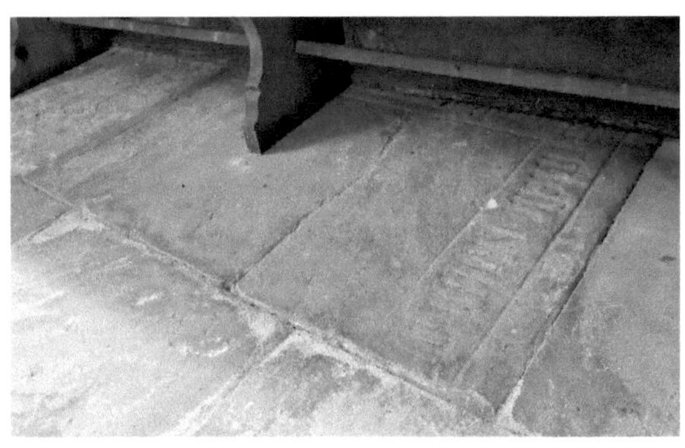

Ein Pleban oder Leutpriester ist als Pfarrer tätig, meist ist er ein Säkularkleriker (Weltpriester) und kein Kleriker (Geistlicher). Er untersteht keinem Klosterorden, sondern einem Diözesanbischof.

Über die Pfarrer vor der Reformation ist wenig bekannt. Der erste namentlich genannte Pfarrer war Pleban Fritzo im Jahr 1274. Im Mittelalter waren allgemein liegende Grabplatten oder an den Wänden stehende Grabplatten (Epitaphe) verbreitet. Die ursprünglich katholische Kirche war wohl dem Evangelisten Johannes geweiht, ihre Nebenaltäre der Jungfrau Maria und dem Hl. Ägidius. Neben der Ägidiuskapelle gab es im Spätmittelalter vermutlich noch eine Heiligkreuzkapelle.

Steine auf dem Kirchhof

An der Hauswand des alten Schulhauses im südlichen Kirchgarten sind drei Steine auf der linken Seite befestigt (Foto, von links nach rechts):

SARKOPHAGPLATTE. Um 300 n. Chr., Provinzial-Römisch. Sandstein. Schlechter Erhaltungszustand: Verwaschen.

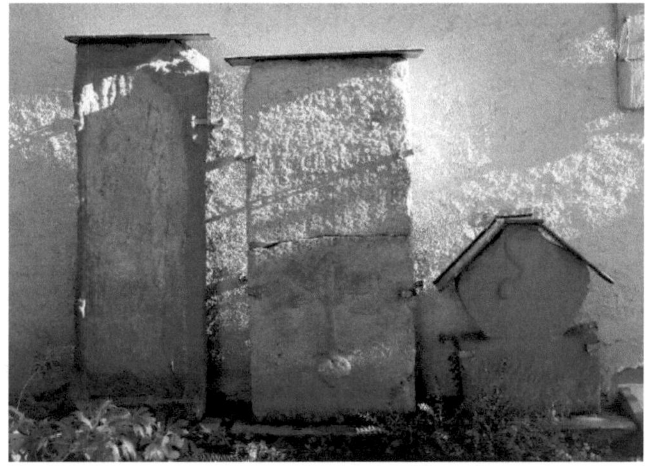

Deckplatte oder Bodenplatte eines antiken Sarkophags. Gefunden 1990 von Pfarrer Gerhard Postel bei der Erneuerung des Südzugangs zur Kirche. Die Platte befand sich drei Meter vor dem Haupteingang im Boden. Möglicherweise war sie im Mittelalter sekundär verwendet worden.

Ohne Inschrift, ohne Relief. Die Sarkophage der römischen Provinzen waren meist schlicht, ohne Reliefverzierungen und aus einheimischem Gestein gefertigt. Um 300 wurden die zunächst mehrheitlichen Brandbestattungen von Körperbestattungen abgelöst. Bestattungen in Steinsarkophagen blieben dabei wohlhabenden Personen vorbehalten. Ein Sarkophag hatte ein Gewicht von gut 2 Tonnen.

Die Platte erinnert daran, dass die damalige Siedlung zur römischen Provinz „Germania Superior" bzw. um 300 zur spätantiken Provinz „Germania Prima" gehörte. Auf dem Kirchhügel stand möglicherweise einst eine römische Villa Rustica. Die Sarkophag-Platte ist ein Hinweis auf eine antike Nekropole eines römischen Gutshofs. Wir können sie auch als Erinnerung daran sehen, dass die Wurzeln unserer Bestattungskultur in der europäischen Antike liegen.

Ab dem 4. Jahrhundert n. Chr. entstanden erste christliche Kirchen, um die herum Gräber angelegt wurden. Den kulturellen Übergang müssen wir uns fließend vorstellen: In der ersten Hälfte des 4. Jahrhunderts breitete sich die christliche Religion langsam aus, noch parallel zu den römisch-orientalischen Kulten, die weiterhin ausgeübt wurden. In der zweiten Hälfte des 5. Jahrhunderts wich die römisch geprägte Kultur langsam einer von Alamannen und Franken dominierten, stärker germanisch geprägten Kultur.

GRABPLATTE. Um 1736, Barock. Sandstein. Schlechter Erhaltungszustand: Verwaschen.

Inschrift nicht dokumentiert, mittlerweile unleserlich. Das Relief zeigt eine Weinrebe über einem Herz. Der Weinstock symbolisiert, weil der Wein als Lebenssaft und Blut Christi angesehen wird, die Wiedergeburt. Das Herz steht für die Liebe, besonders auch die christliche Liebe.

Die Grabplatte, wie auch die folgenden, stammt aus der französischen Zeit: Um 1680 bis 1814 gehörte Nußdorf zusammen mit Landau, Dammheim und Queichheim zu Frankreich.

Möglicherweise waren die Grabplatten ursprünglich farbig gefasst, davon haben sich jedoch witterungsbedingt keine Spuren erhalten.

GRABMAL GEORG BERNHARD ZIMPELMANN. Um 1773, Barock. Sandstein. Schlechter Erhaltungszustand: Fragment.

Unterer Teil der Grabstele von Georg Bernhard Zimpelmann, der 1756 das Stück Land für den neuen Friedhof gemeinsam mit seiner Frau gestiftet hatte. Seine Gattin Eva Margarethe, geb. Keller, starb 1785 im Alter von 90 Jahren. Auch sie wurde noch auf dem Kirchhof bestattet. Ihr Grabstein ist nicht erhalten. Im Kirchenbuch ist vermerkt: Sie „hat mit ihrem Mann 60 Jahre 25 Tg. in unfruchtbarer Ehe gelebt."

Das Relief zeigt ein Herz über einer Weintraube. Die Traube steht für den Wein als Blut Christi, bildet in diesem Zusammenhang aber auch eine Jenseitsverheißung.

Erhaltene Inschrift:
[e]vang Kirchhofs starb den 10ten Febr 1773
seines Alters 83 Jahr 6 Mo. 13 Tg.
Georg Bernhard Zimpelmann

***

Rechts an der Hauswand im südlichen Kirchgarten stehen zwei weitere Steine (Foto, von links nach rechts):

GRABPLATTE ANNA ELISABETHA REINHARD. Um 1775, Barock. Sandstein.

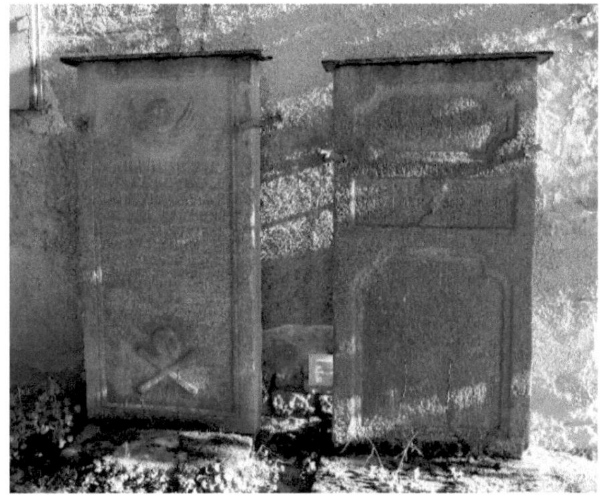

Grabplatte bzw. Epitaph von Anna Elisabetha Reinhard, geborene Caspari, Witwe des Nußdorfer Pfarrers Johann Christian Bär (siehe unten) und Ehefrau des Pfarrers Georg Phillip Reinhard. Das Ehepaar Reinhard lebte von 1741 bis 1765 im Alten Pfarrhaus. Georg Philipp Reinhard stammte aus Buchsweiler (Bouxwiller) und hatte in Straßburg studiert.

Relief oben: Ein Puttenkopf mit Flügeln. Ein Amoretto oder Putto ist ein kindlicher Engel, der symbolisch für die himmlische Liebe steht.

Relief unten: Ein Totenschädel über zwei gekreuzten Langknochen. Die Grabplatte ist noch ganz dem barocken Stil verhaftet. Der Totenschädel ist ein typisches Vanitas-Symbol. Er weist auf die Vergänglichkeit alles Irdischen hin, denn hinter der irdischen Schönheit lauert bereits der Tod.

Inschrift mit Hinweis auf die Offenbarung des Johannes (Offb 22,20):
> *Er, der dies bezeugt, spricht:*
> *Ja, ich komme bald. - Amen. Komm, Herr Jesus!*

GRABPLATTE JOHANN CHRISTIAN BÄR. Um 1741, Barock. Sandstein. Schlechter Erhaltungszustand: Verwaschen.

Pfarrer Johann Christian Bär oder Bähr (1706 – 1741) stammte aus Straßburg und war zunächst Pfarrer in Handschuhsheim, Dammheim und Nohfelden, bis er 1738 nach Nußdorf kam und den barocken Ausbau der Pfarrkirche initiierte.

Das Relief zeigt einen Kelch: Der Abendmahlkelch verweist auf sein Amt des Pfarrers, daneben steht er für die Gottesgnade und Sündenvergebung.

Die verwaschene Inschrift endet mit:
> *Das ich anderen gegeben*
> *Hat mich nun gekost mein Leben.*

***

Vor der Kirchensüdseite steht eine kleine Grabsäule:

GRABMAL HERMANN KERN. Um 1898, Neoromantik. Sandstein, als Baumstamm gestaltet. Höhe: ca. 122 cm. Noch guter Erhaltungszustand.

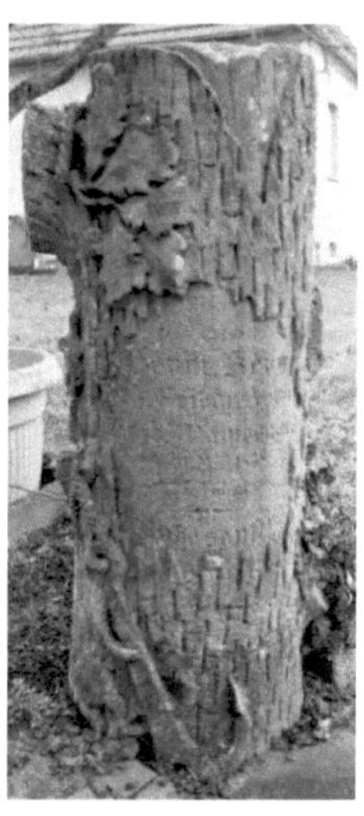

Grabsäule in Form eines gebrochenen Baumstumpfes. Eichenstumpf in naturalistischer Darstellung als Stamm mit Baumrindenstruktur, mit Aststumpf und Blättern. Am Stamm befindet sich das Relief eines Ankers an einem Tau.

Inschrift in der Baumoberfläche:
Ruhe sanft.

Der gebrochene Eichenstamm steht symbolisch für das zerbrochene Leben, also für Tod und Vergänglichkeit. Der Anker steht für die Verankerung und die Zuversicht, die im Gottesglauben liegt.

Die Grabsäule wurde von den Eltern des verstorbenen 19-jährigen Hermann Ludwig Kern errichtet: Georg Friedrich Kern und Barbara Kern, geb. Wambsganß. Möglicherweise setzten sie eine Bestattung im Kirchhof durch, obwohl der neue Friedhof bereits seit 1830 in Gebrauch war.

Im 19. Jahrhundert wissen wir dank der Fotografie, wie die erwähnten Personen aussahen.

Foto der Familie Kern, von rechts nach links: Hermann Kern, Mutter Barbara Kern (geb. Wambsganß), Vater Georg

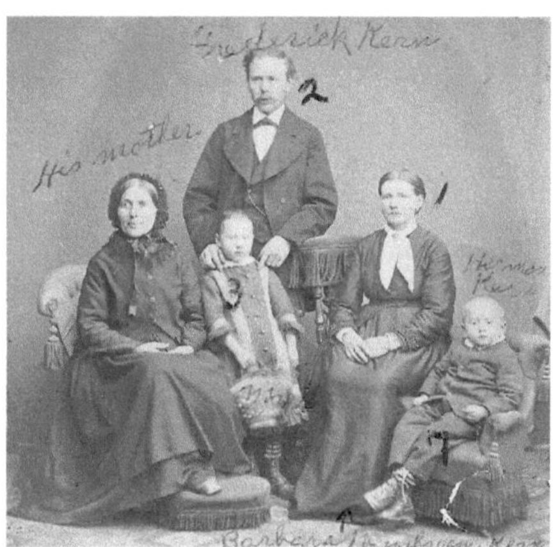

Friedrich Kern, Schwester Maria Magdalena Kern und Großmutter Katharina Kern (geb. Guther).

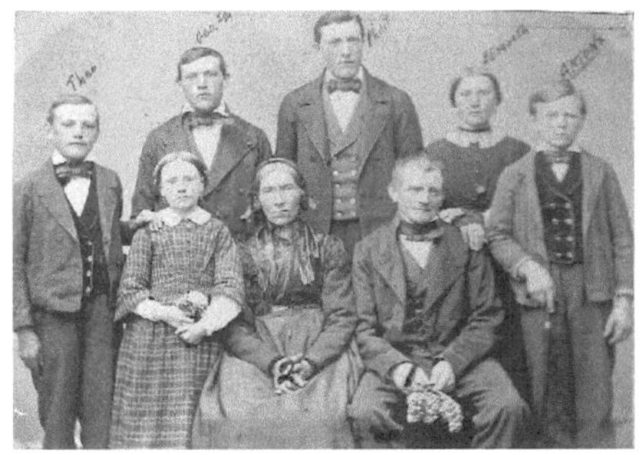

Foto der Familie Wambsganß: Zweite von links ist Hermann Kerns Mutter Barbara Kern (geb. Wambsganß), noch im Kreise ihrer Eltern und einiger Geschwister. (Fotos urspr. freigegeben von Mary Kohls-Wambsganß).

Das Sickinger Wappen

Kein Grabstein, aber ebenfalls beachtenswert, ist eine Spolie an der Kirche.
Über der Südtür des Kirchturms sehen Sie das Wappen von Franz von Sickingen, das wohl in Sekundärverwendung, beim Neubau des Turms um 1856 oder später, hier angebracht wurde.

Das Wappen erinnert uns daran, dass Franz von Sickingen, ein Anführer des Pfälzischen Ritterkriegs von 1522, die Kirche 1517 von Landsknechten plündern ließ.

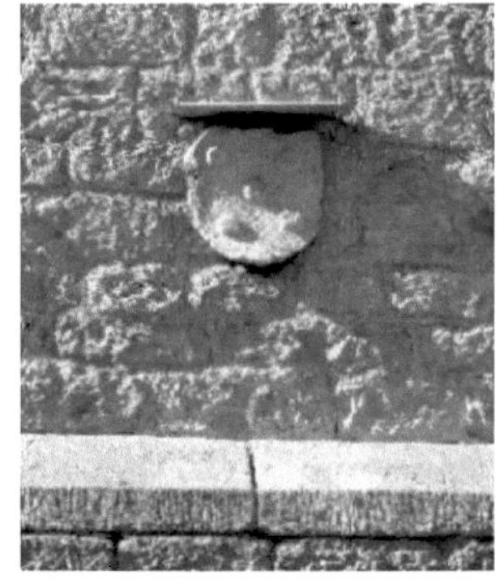

***

Nach dem Gang um den Kirchturm herum finden Sie zwei weitere Steine an der nordöstlichen Kirchenseite (Foto, von links nach rechts):

GRABPLATTE PFARRER TOBIAS SARTORIUS. Um 1738, Barock. Sandstein.

Grabplatte bzw. Epitaph, mit Relief eines Abendmahlkelches und eines Schädels über zwei Langknochen.

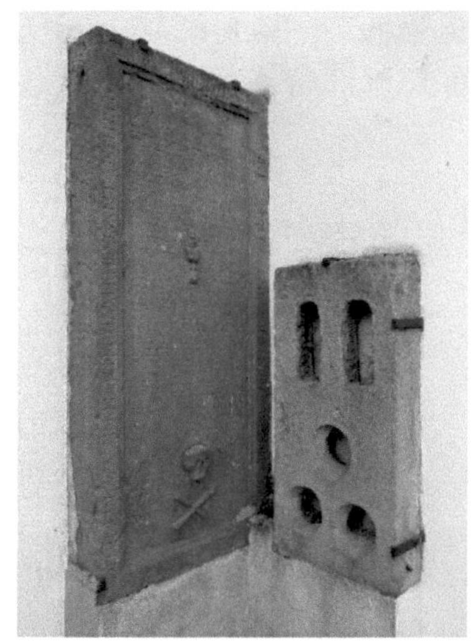

Tobias Sartorius (1683 – 1738) war von 1719 bis 1738 Pfarrer in Nußdorf und wohnte im Alten Pfarrhaus. Sartorius stammte aus Landau und war zunächst Hofdiakon in Dürkheim sowie Pfarrer in Dammheim und in Queichheim. Gestiftet wurde der Stein von seiner Witwe Maria Sibylla, geb. Holtzhauser.

Die Grabplatte wurde bis 1911 in Sekundärverwendung als Eingangsschwelle der Kirche genutzt. Erst dann wurde sie gemeinsam mit einem anderen „interessanten Stein" (siehe unten) an der Kirchenmauer aufgestellt.

Die Inschrift wendet sich auch an den Betrachter des Steins:
> *[...] Mein Leser gehe nach der Ewigkeit den Weg*
> *Welchen dieser Lehrer [...] gezeuget*
> *So wird [...] in den Todt ein Ende deines Leiden*
> *Und ein Anfang der vollkommenen Ruhe und Seligkeit sein.*
> *[...] Denn meine Augen haben deinen Heilant gesehen*
> *Nun lasse du deinen Diener in Frieden fahren*
> *Wie du gesagt hast.*

FENSTERPLATTE. Romanisch.

Steinplatte mit fünf Öffnungen. Dieser „interessante Stein" stammt vielleicht von einem romanischen Kirchenvorgängerbau oder einer der beiden Kapellen.

Um 1920 wurde die Fensterplatte noch irrtümlich für einen heidnischen Opferstein gehalten. Vermutlich wurde sie 1911 bei der Kirchenrenovierung entdeckt und aufbewahrt (siehe oben).

Der Viergötterstein

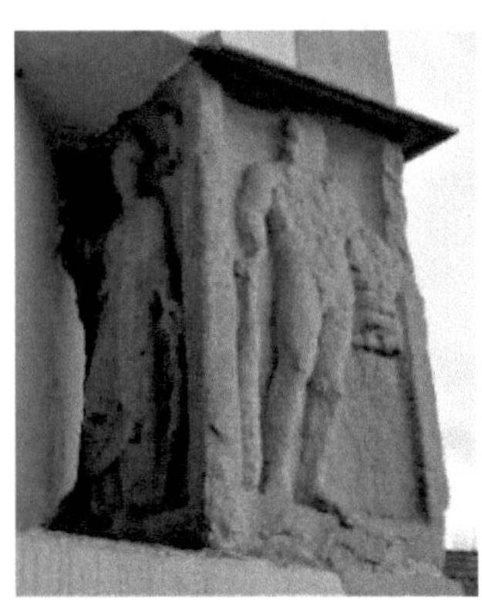

Nicht unerwähnt bleiben soll auch der sehenswerte römische Viergötterstein, der hier als Spolie in der Kirchenecke eingemauert ist. Er datiert um 200 n. Chr.

Der Reliefquader gehörte zu einer provinzialrömischen Jupitergiganten-Säule und war Teil eines spätantiken römisch-keltisch-orientalischen Götterkultes. Im 19. Jahrhundert wurde er am Turm entnommen und in der Ecke des Langhauses verbaut.

Unterhalb des heutigen Kirchhofs

Unterhalb der südlichen Kirchhoftreppe wurden 2020 aufgrund einer Baustelle (Foto) die Reste von drei Bestattungen gefunden:

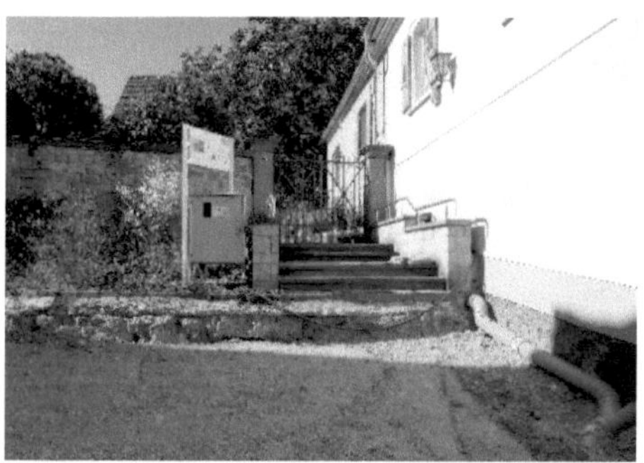

Es handelte sich um drei Teilskelette, deren Schädel und Oberkörper wohl bereits bei früheren Bauarbeiten eingeebnet wurden. Die Verstorbenen waren in Leichentüchern in Erdgräbern (ohne Särge) mit erhöhten Oberkörpern und Blick nach Osten bestattet worden. Ein Stoffstückchen hatte sich erhalten.

Vermutlich gehörte der Bereich um 1730 bis 1830 noch zum Kirchhof.

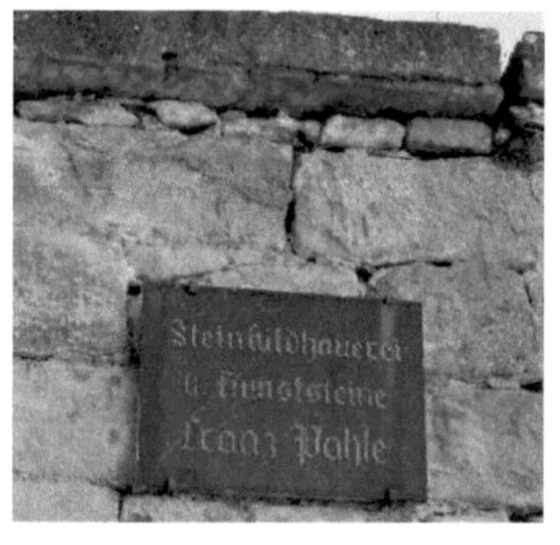

An der Mauer weiter westlich hängt noch das alte Firmenschild des Nußdorfer Steinmetzen Franz Pahle, geb. 1883 in Landau, der im Ersten Weltkrieg kämpfte.

Franz Pahle gründete um 1930 das Bildhauer-Unternehmen in Nußdorf, das später von seinen Söhnen Georg Pahle, geb. 1906, in Nußdorf und Otto Pahle, geb. 1915, in Rülzheim weitergeführt wurde und in Rülzheim bis heute als Familienunternehmen besteht.

Zu sehen sind noch Grabsteine auf dem Friedhof mit den Signaturen *F. Pahle* bzw. *G. Pahle* (bis um 1955).

Zu den in Nußdorf tätig gewesenen Bildhauern im folgenden Kapitel mehr. Ihre Spuren finden sich teilweise auch noch im Ort, beispielsweise an den charakteristischen Torpfeilern vor der Grundschule (Kirchstraße).

Auf dem Friedhof

Obgleich 1756 gestiftet und in den Folgejahren ummauert, wurde das neue Friedhofsgelände am Ende des Gottesackerwegs offenbar zunächst nicht genutzt. Auch der Erlass der bayerischen Regierung von 1818 separat angelegte Friedhöfe zu belegen, stimmte die Nußdorfer nicht um. Man wollte weiterhin auf dem Kirchhof bestattet werden.

Dies führte zu einem Konflikt: Als der Nußdorfer Bürgermeister David Pfaffmann 1823 starb, verweigerte die Gemeinde seiner Witwe Anna Maria, geb. Heß, die Aufstellung einer repräsentativen Grabsäule im Kirchhof „aus Mangel an oberflächigem Raum".

Der Eklat führte dazu, dass die Witwe die Grabsäule 1824 auf ihrem Privatland direkt westlich des Kirchhofs errichten ließ. Sie verwies dabei auf französisches Recht von 1804 (das Reformdekret von Napoleon). Dies war der Beginn des Privatfriedhofs der Familie Pfaffmann-Spitzfaden. Dieser Privatfriedhof existiert heute nicht mehr. Das Nußdorfer Lapidarium zeigt aber noch die Grabmale von David Pfaffmann und von seinem Sohn Johann Valentin Pfaffmann. Sie blieben erhalten und wurden auf dem Friedhof aufgestellt.

Um 1830 wurde der neue Friedhof schließlich belegt. Er bot nun die Möglichkeit für repräsentative Grabmale im Stil der Zeit: klassizistische Grabstelen.

Einzelne Grabsteine lassen sich namentlich bekannten Steinmetzen zuordnen. Konkreten Einfluss hatte Dr. Bernhard Gottfried Joseph Würschmitt (1788 Mainz – 1853 Bergzabern). Der Bildhauer war von 1826 bis 1853 in der Pfalz tätig und gilt als Begründer der „Bergzaberner Bildhauerschule". Einer seiner Schüler war Friedrich Sanwald (1835 – 1909). Ein Sanwald-Schüler war wiederum Philipp Jakob Behret, geboren 1871 in Bergzabern, der sich 1897 mit Unterstützung seines Schwiegervaters, des Nußdorfer Zigarrenfabrikanten Jakob Bodem, in Landau niederließ. Zu nennen ist auch Behrets Sohn Ludwig Behret, geboren 1898, der ebenfalls in Landau tätig war.

Die Bildhauer gerieten zunehmend in Konkurrenz zur preiswerteren industriellen Massenproduktion. Um 1870 wurden daher auch bereits vorgefertigte Grabsteine von den damaligen Bildhauern Honeck in Landau und Wambsganß in Nußdorf angeboten. Auch Ludwig Behret war um 1920, trotz seiner akademischen Ausbildung, gezwungen hauptsächlich Grabsteine aus den Katalogen der Stein- und Gipsindustrie zu verkaufen. Als weiterer Bildhauer ist der bereits erwähnte Franz Pahle zu nennen, der ab 1930 in Nußdorf tätig war.

Der neue Friedhof wurde bereits 1862/63 erweitert und mit einer neuen Umfassungsmauer versehen. 1921 wurde er nochmals erweitert und 1972 neu angelegt. 2017 wurde das Gefallenendenkmal für den Zweiten Weltkrieg, nach dem Rückbau des Ehrenhains, errichtet. Bereits zuvor wurde ein Teil des Friedhofs für die sich durchsetzenden Urnenbestattungen umgestaltet. Eine weitere Umgestaltung (in Planung) trägt der neuen grabsteinlosen Bestattungssitte (anonyme Bestattung) Rechnung.

Das Lapidarium

Die folgenden historischen Grabsteine finden Sie hinter dem Haupteingang des Friedhofs auf einem kleinen Areal als Lapidarium zusammengestellt:

GRABMAL JAKOB BODEM, Zigarrenfabrikant. (B 88) Um 1910, Jugendstil. Carrara-Marmor. Höhe ca. 160 cm. Guter Erhaltungszustand. Hersteller: Behret & Bodem, Landau.

Rechteckige Stele mit gebogenem Abschluss, auf Sockel. Antikisierendes Figurenrelief: Eine Trauernde, die Hände und Kopf auf eine Grabmauer stützt. Auf der Mauer steht eine Feuerschale, dahinter steht ein Baum.

Inschrift:
> *Wer in Beruf & Pflicht wie Du gestorben*
> *Hat Leben sich durch seinen Tod erworben.*

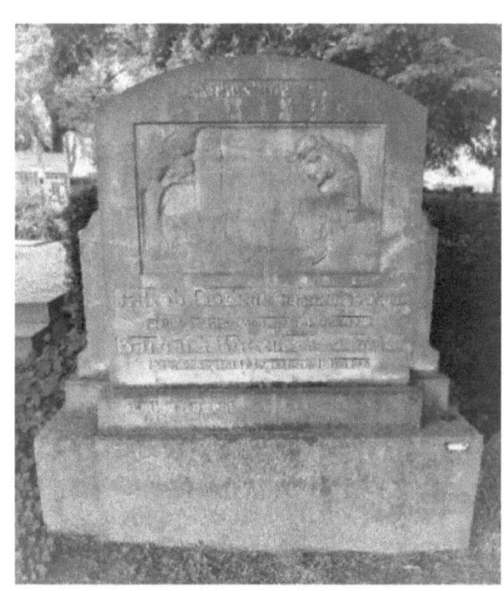

Das Grabmal der Familie Bodem erinnert an die Zigarrenfabrik Bodem, ehemals in der Lindenbergstraße 48. Jakob Bodem (1864 – 1910) war ein Bruder von Barbara Magdalene, genannt Elise, Bodem, die 1897 den Bildhauer Philipp Jakob Behret geheiratet hatte.

Die Landauer Firma Behret & Bodem: Der Zigarrenfabrikant Jakob Bodem sen. (1837 – 1902) gründete 1897 mit seinem Schwiegersohn Philipp Jakob Behret aus Bergzabern die Firma Behret & Bodem in Landau. 1918, nach dem Ersten Weltkrieg, schloss sich der Enkel Ludwig Behret dem erfolgreichen Unternehmen an. Die Grabsteine wurden häufig nach Musterkatalogen gefertigt. Stilistisch erinnert das Relief an die Grabstele Brand in Frankweiler von Philipp Jakob Behret.

GRABMAL SIBYLLE RUMMEL. (D 23) Um 1919, Jugendstil. Muschelkalk-Kernstein. Höhe ca. 124 cm. Guter Erhaltungszustand.

Rechteckige Stele mit kleinem floralen Relief mit Palmette, auf Sockel. Die ursprüngliche Grabeinfassung fehlt. Das Grabmal der Familie Rummel erinnert an beide Weltkriege:
Der Sohn Ludwig Rummel fiel 1914 bei Ypern in Flandern, der Enkel Rolf Rummel fiel 1943 in Russland.

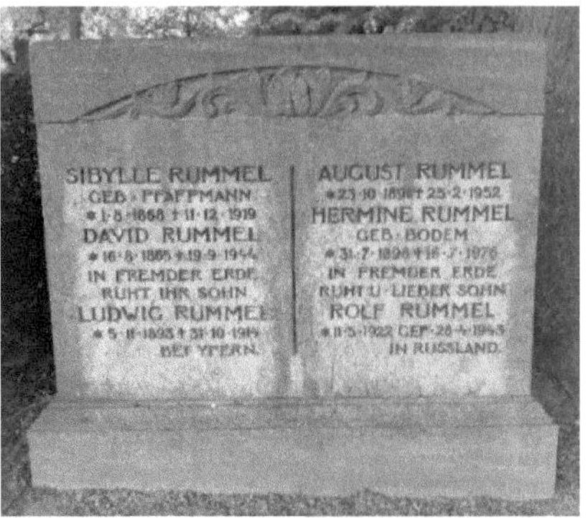

GRABMAL JOHANN VALENTIN PFAFFMANN. (B 288) Um 1910/20. Grobkörniger Stein/Gussstein mit Inschriftentafel. Höhe ca. 126 cm. Mäßiger Erhaltungszustand: Kleine Löcher und Fehlstellen.

Optisch dreigegliederte Stele mit Reliefs: ein Kreuz flankiert von zwei Strahlenmotiven (vielleicht Sonnen) und zwei Trauerkränzen mit Bändern. Untere Inschrift verwittert. Die Sonne ist ein Symbol der Auferstehung.

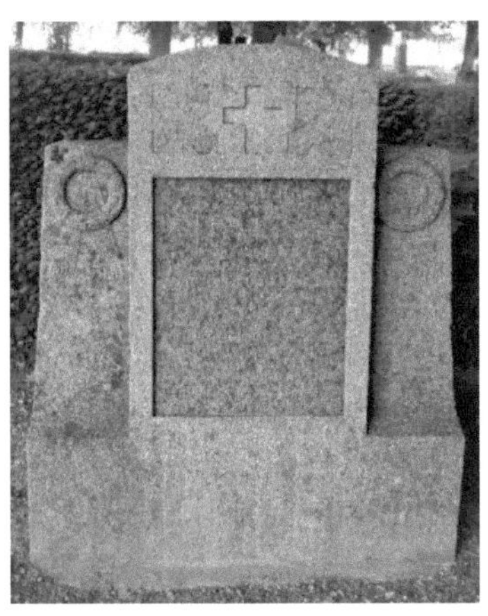

Das Grabmal der Familie Pfaffmann-Spitzfaden stammt vom ehemaligen Privatfriedhof in der Kirchhohl 9, heute Garage des Pfarramts. Der Privatfriedhof wurde 1824 dreißig Meter westlich des Kirchhofs angelegt. Um 1960 wich der Privatfriedhof mit seiner Gruft dem Neubau des Pfarramts.

Bereits 1756 tauschten der damalige Schultheiß Georg Bernhard Zimpelmann und seine Frau

Ackerland ein, um den heutigen Friedhof nördlich der Kirche zu stiften. Damals wurde auch eine Friedhofsmauer errichtet, während das Friedhofstor und die erste Belegung erst um 1830 datieren. Schultheiß Zimpelmann und seine Frau starben 1773 bzw. 1785. Sie wurden noch auf dem Kirchhof bestattet, wo sich ein Teil des Grabsteins von Georg Bernhard Zimpelmann bis heute erhalten hat (siehe oben).

Johann Valentin Pfaffmann (1793 – 1858) war ein Sohn des Bürgermeisters David Pfaffmann (siehe das benachbarte Grabmal B 290). Taufpate war sein gleichnamiger Onkel Johann Valentin Pfaffmann, 1793 ein Mitglied der Nußdorfer Munizipalität (dem Gemeinderat nach französischem Vorbild).

GRABMAL DAVID PFAFFMANN. (B 290) 1824, Klassizismus. Sandstein. Höhe der beiden Kuben ca. 133 cm. Noch guter Erhaltungszustand, leicht bestoßen.

Grabsäule mit Kapitell und Eisenkreuz, auf zwei Inschriftenkuben. Antikisierende Reliefs zweier Grabamphoren.

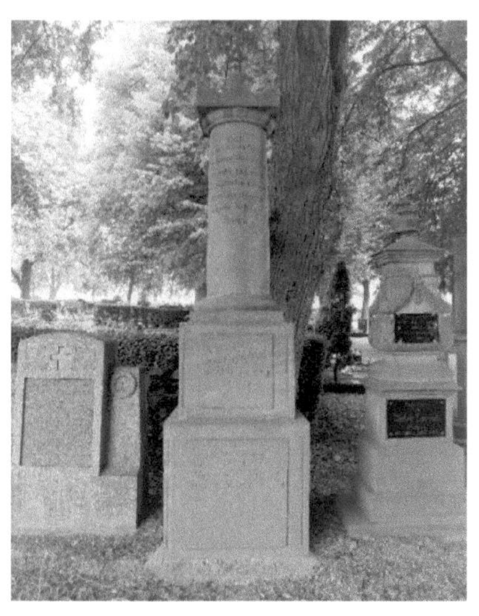

Amphoren enthielten ursprünglich, in der Bestattungssitte der klassischen Antike, die Wegzehrung für die Toten. Als Motiv finden sie sich ebenfalls auf Grabsteinen von Bernhard Würschmitt in Landau (Landauer Hauptfriedhof).

Das Grabmal des Ehepaars Pfaffmann stammt vom ehemaligen Privatfriedhof Pfaffmann-Spitzfaden. Ab 1818 sollten, nach Erlass der bayerischen Regierung, Bestattungen nicht mehr auf den Kirchhöfen, sondern auf separat angelegten Friedhöfen erfolgen. Gleichzeitig wurden nach der Mode der Zeit, durch das Aufleben der Antikenrezeption im Klassizismus, repräsentative Grabmäler relevanter.

Nachdem die Gemeinde 1823 die Aufstellung der Säule im Kirchgarten ablehnte, richtete die empörte Witwe des Bürgermeisters Johann David Pfaffmann kurzerhand den Privatfriedhof Pfaffmann-Spitzfaden ein. 1826 wurde die Witwe Anna Maria, geb. Heß, neben der Säule bestattet.

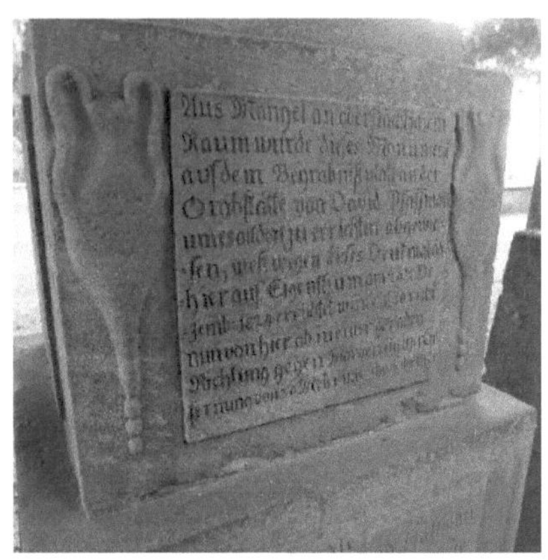

Die wortreichen Inschriften erklären die damaligen Vorgänge im Detail und machen die Grabsäule zu einem ganz besonderen Zeitzeugnis:

> *Gott und unter die Schutznehmung aller Monarchen, wie auch allen Vorgesetzten und Menschen, empfehlen wir allezeit dieses gestiftete Denkmahl.*
>
> *Aber ich weiß, daß mein Erlöser lebt, sagt Hiob am 19. Cap. Vers. 25.*
>
> *Gestiftet von dessen Ehefrau und Kinder namens Anna Maria Pfaffmann ein gebohrene Hessin und Vallentin und Georg Pfaffmann.*
>
> *Aus Mangel an oberflächlichem Raum wurde dieses Monument auf den Begräbnisplatz an der Grabstätte von David Pfaffmann um es alldort zu errichten, abgewiesen, weßwegen dieses Denkmal dahier auf Eigenthum am 24. Dezember 1824 errichtet wurde. So ruht nun von hier ab in einer geraden Richtung gegen Morgen in einer Entfernung von 30 Meter im Schoose der Erde die Asche von David Pfaffmann Wailand, unter Maximilian Joseph, erster König von Baiern, von des-*

sen Regierung erste Wahl, unterm 15t November 1819 erster ernann-
ter Bürgermeister. Derselbe wurde gebohren allhier 1766 d. 17t Mai
von Christlich evangelischen Lutherischen religiösen Eltern.
Der Vater war David Pfaffmann und seine Mutter war Eva Barbara
Heupel. Derselbe starb nach einer 5. täglichen nieder gelegten Lun-
gen Entzündung als d. 17. März 1823. Nachts gegen 9 Uhr. Ist alt wor-
den 56 Jahr 4 Monat.

Nach dem Gesetz vom 23. Prärial Artikel 14 Jahr 12 der französischen
Republik wurde die Ehefrau von dem auf diesem Monument besagten

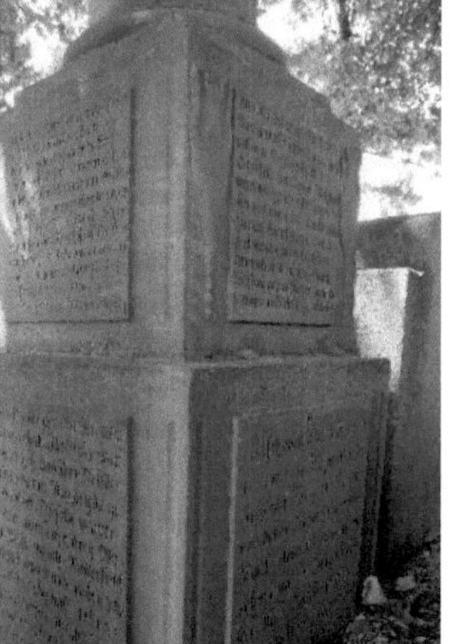

David Pfaffmann am 4. July 1826 auf der vor-
deren Seite, gegen morgen dieses Steins auf ihr
Begehren außer dem Kirchhof auf ihr Eigen-
thum zur Ruhe dahier beerdigt.
Sie wurde geboren allhier zu Nußdorf 1763 den
20ten März und in der Religion ihrer Eltern
evangelisch lutherisch getauft, wobey sie den
Namen Anna Maria erhielt.
Ihr Vater war wailand Georg Heß und ihre Mut-
ter Elisabetha eine geborene Volz, beide gebür-
tig zu Nußdorf. Dieselbe wurde mit einer über
neun Jahr, drey Monat langen Milz-Bauch-
Wassersucht anheim gesucht, und wurde in
den letzten 3 ¼ Jahr 11 mal abgezapft, jedes-
mal mit 42 Schoppen Wasser. Dann starb sie,
da die Krankheit in eine Entzündung überging, den 22. Juny 1826 nach
11 Uhr. Ist alt geworden 63 Jahr, 3 Monat, 6 Tage.

Alle, die gottselig leben wollen in Jesu Christo, müssen Verfolgung lei-
den.

Mit der Errichtung des Privatfriedhofs hatte sich Anna Maria Pfaffmann auf ganz neues Terrain gewagt. Das Kreuz auf der Säule betont, dass es sich, obgleich extra muros (außerhalb der Kirchhofsmauern) gelegen, um ein christliches Grab handelt.

Der damalige Pfarrer Karl Lukas Mahla trug im Kirchenbuch ein, dass Johann David Pfaffmann am 20. März 1823 auf dem Kirchhof beigesetzt wurde. Pfarrer Mahla notierte zur Todesursache:

Indem dieser Mann in seiner Stallung ein frisch geworfenes Kalb anbinden wollte, stieß ihm die Mutter dieses Kalbes eine der kurzen Rippen gegen die Brust zu entzwei, wodurch ihm die Lunge lädiert wurde, und er starb an den Folgen der Verletzung.

Die Jahresberichte von Pfarrer Mahla bringen außerdem etwas Licht in die Angelegenheit um den Privatfriedhof:
1816 fiel die Pfalz bekanntlich - und mithin das bis zum Wiener Kongress französische Nußdorf - an das Königreich Bayern, wodurch neue Verordnungen auf das Dorf zukamen, so 1818 neben dem Friedhofserlass auch die Kirchenunion von Lutheranern und Reformierten.

Auch David Pfaffmann hatte 1818 die Kirchenunion mitunterzeichnet. Im Nachhinein kamen ihm jedoch offenbar starke Bedenken. Diese wurden genährt durch ein Misstrauen gegenüber der neuen bayerischen Regierung. Der Austausch der gewohnten Gesangbücher und der Schulbücher brachten bei David Pfaffmann, seiner Familie und zahlreichen weiteren aufgebrachten Lutheranern das Fass zum Überlaufen. Inwieweit Pfarrer Mahla, der erst 1819 zu einem nachträglichen Befürworter der Union wurde, argumentativ zur Verunsicherung beigetragen hatte, wissen wir nicht.

1821 reichten die protestierenden Lutheraner eine offizielle Bitte um die Wiederaufhebung der Union ein. 1822 sprachen sich David Pfaffmann und sein Bruder Valentin Pfaffmann, Gemeinderatsmitglied, öffentlich gegen die

Union aus. David Pfaffmanns Sohn proklamierte Spottverse gegen die verei-
nigte Kirche und die neuen Schulbücher. Laut Pfarrer Mahla hieß es darin
u.a.:

En bas [Nieder] mit den Reformierten!
Die Calvinisten müssten alle zu Grunde gehen!

1823 lief David Pfaffmann Gefahr, aufgrund seines Aufbegehrens eine Strafe
zu erhalten. Er stand nun unter Beobachtung und riskierte, sein Bürgermeisteramt zu verlieren. In dieser aufgeheizten Stimmung, die das ganze Dorf
spaltete, traf David Pfaffmann der empörte Stoß seiner Kuh, dessen Folgen
schließlich zu seinem Tod führten. (Die Schmerzen des Rippenbruchs können
zu einer Schonatmung und diese zur oben erwähnten Lungenentzündung
geführt haben.)

Die Gemeinde lehnte die Aufstellung der Grabsäule ab und die Witwe errich-
tete den Privatfriedhof, wobei sie auf französisches Recht von 1804 zurück-
griff. Dies ist einerseits verständlich, war man doch mit der bayerischen Regierung unzufrieden, andererseits aber auch beachtenswert, hatte David
Pfaffmann sein Bürgermeisteramt doch 1819 unter dieser bayerischen Regierung erhalten.

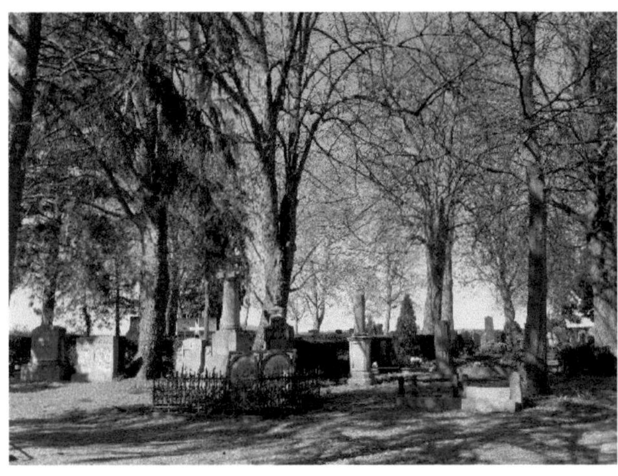

David Pfaffmanns Sohn Va-
lentin (Grabmal B 288,
siehe oben) und weitere
Nachkommen setzten die
Tradition des Privatfriedhofs fort, der erst um 1960
dem Neubau des Pfarram-
tes weichen musste. Laut
den weiteren Berichten der
Nußdorfer Pfarrer blieb das
Verhältnis vieler Protestan-
ten zur Unionskirche bis

weit ins 20. Jahrhundert hinein eher distanziert und nicht von Enthusiasmus geprägt.

Hatten die Nußdorfer schon im 16. Jahrhundert auf die damaligen Veränderungen mit dem Ausbruch des Bauernkriegs 1525 und den Hexenverfolgungen ab 1584 empfindlich reagiert, führten im 19. Jahrhundert die fortdauernde Simultankirche, die stattgehabte Säkularisation und die Kirchenunion zu Unmut. Wie weit letzterer konkret gegangen wäre, erfahren wir nicht mehr, da mit David Pfaffmann einer der Anführer die Bühne verließ. 1832, anlässlich des Hambacher Festes, wurden unter dem Nußdorfer Freiheitsbaum jedenfalls noch die Lieder nach dem alten, lutherischen Gesangbuch gesungen.

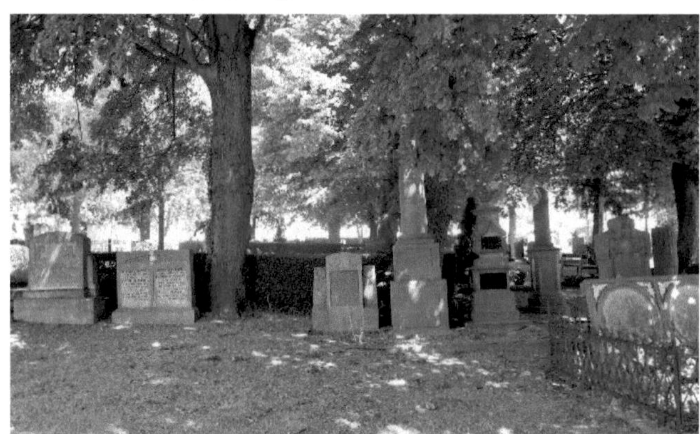

GRABMAL JAKOB LORENTZ, Blechner. (B 291) Kulturdenkmal. Um 1891, Historismus (Neobarock). Sandstein mit Inschriftentafeln aus schwedischem Granit (Schwarz-Schwedisch). Höhe ca. 231 cm. Schlechter Erhaltungszustand: Starke Auswaschung lateral.

Aufsatz mit Giebel und Bekrönung im barockisierenden Stil, auf Sockel und Postament. Mit Reliefs verziert: Hängegirlanden und Eichenlaub.
Jakob Lorentz starb im Alter von 23 Jahren.

Inschrift:
> *Der Mensch ist nur der Welt geliehen,*
> *Oft muss er fort im besten Blühen.*

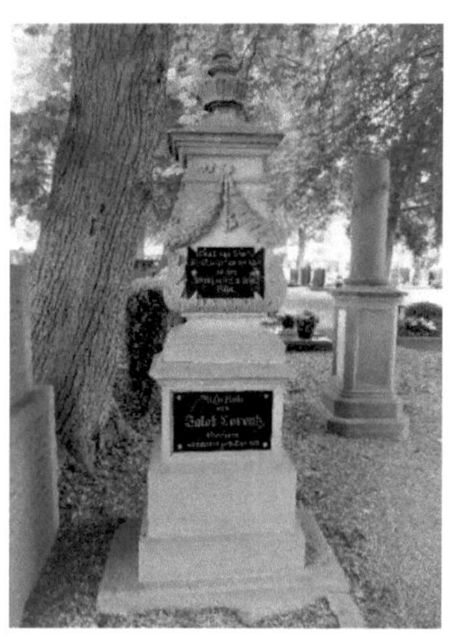

Das wilhelminische Grabmal erinnert auch an das Hohelied (1. Kor 13,13):
Für jetzt bleiben Glaube, Hoffnung, Liebe, diese drei;
doch am größten unter ihnen ist die Liebe.

Rückwärtige Inschrift:
Gewidmet von seinen Eltern und Geschwistern, Valentin Lorentz und Barbara, geb. Günthert.

GRABMAL ANNA MARIA PFAFFMANN. (Ohne Nr.) Kulturdenkmal. Um 1829, Klassizismus. Sandstein mit Inschriftentafeln aus Marmor. Höhe des Sockels ca. 120 cm. Mäßiger Erhaltungszustand: Risse, verwaschen.

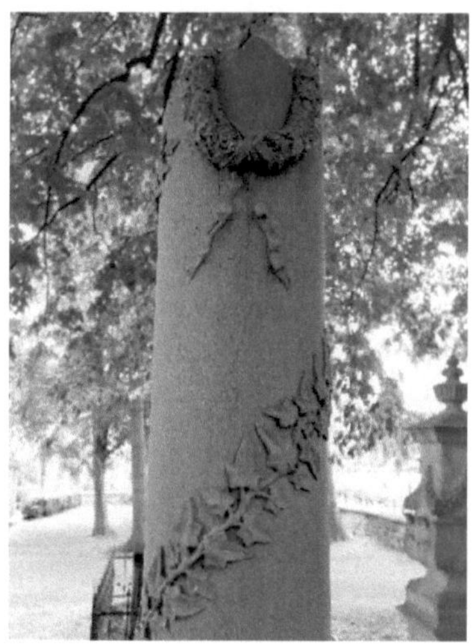

Oben gebrochene Grabsäule auf schlankem Inschriftensockel. Reliefs: Von der Säule hängt ein Trauerkranz herab, eine Efeuranke umschlingt den Säulenschaft.

Die gebrochene Säule ist ein Symbol für das zerbrochene Leben. Der Kranz steht, als vollkommener Kreis, für die Unendlichkeit und den Sieg über den Tod. Der immergrüne Efeu symbolisiert Treue, Unsterblichkeit und das Totenreich.

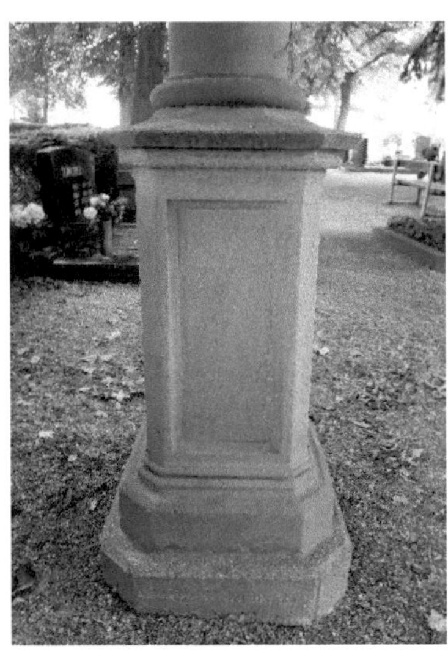

Dreiseitige Inschriften auf weißem Marmor, Rückseite ohne Inschriftentafel. Lediglich die frontale Inschrift ist noch gut lesbar:
Hier ruht in Gott
A. Maria Pfaffmann, geb. Zimpelmann,
**21. März 1834, +22. Dez. 1902.*

Die Grabsäule zählt zu den frühesten Grabsteinen des um 1830 belegten Friedhofs.

GRABMAL ANNA BARBARA & JOHANN THOMAS ZIMPELMANN. (C 102) Um 1830, Klassizismus. Sandstein. Höhe Säule 1 ca. 160 cm, Säule 2 ca. 151 cm. Schlechter Erhaltungszustand: Risse, ausgewaschen, Absplitterungen.

Zwei Grabsäulen: Grabsäule 1 ohne Kapitell, mit Kannelüren und Inschriftenband, auf Sockel. Grabsäule 2 ebenfalls ohne Kapitell, mit glatter Oberfläche und von einem Lorbeerzweig-Relief umrankt, auf Sockel.

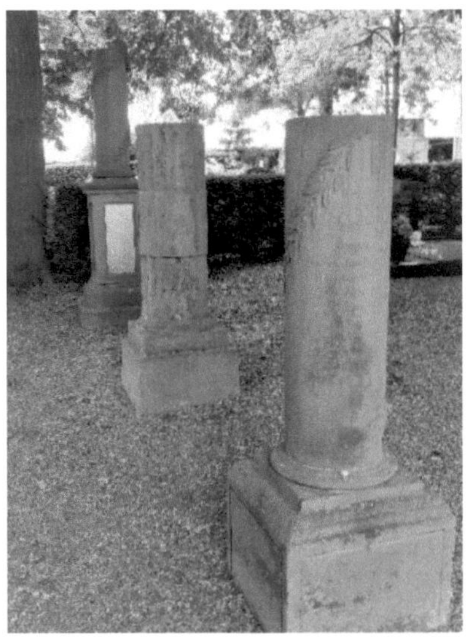

Evtl. standen urspr. Graburnen oder ähnlicher Zierrat aus Sandstein auf den beiden Säulen. (Vgl. dazu die Grabsäule mit Knabenfigur in Kapellen-Drusweiler oder die für Bürgermeister Georg Koch mit korinthischem Kapitell und Urnengefäß in Hainfeld, beide von Bernhard Würschmitt.) Der Lorbeer ist ein Symbol für die Unsterblichkeit und den Sieg über den Tod.

Inschriften nicht dokumentiert. Kaum noch lesbar.

Auf Säule 1 zwei Inschriften auf dem Sockel und eine auf dem Säulenschaft:

> Gott schenke ihrer Seele den himmlischen
> Schlaf. Lass sie ruhig schlafen im kühlen
> Schoße der Erde bis an den hohen-
> mgsten(?) Tag. Dann gebe er ihm eine Wiese
> Vereinigung mit seiner Seele in eine fröhliche
> Auferstehung
> … als … bitten.

> Sie [Anna Barbara Zimpelmann, geb. Jahraus] wurde geboren zu
> Nußdorf, den 19. Januar 1783 und
> Gestorben, den 27. Januar 1849 in
> Einem Alter von 69 Jahre … Tage.

> Hier reift die Saat… tehen
> … werden wir von… hen
> … und sie im Leben gewesen… n Jahren
> … jährige Lebensgefahr… hierin tuend
> Joh. Thomas Zimpelmann.

Auf Säule 2 eine Inschrift:

> Ruhestätte von Joh. Thomas Zimpelmann,
> Sohn von Jacob Zimpelmann und Anna Maria Keller
> Gew. Ehemann von Barbara Jahraus
> Geb. 6. April 1781
> Gest. 26. März 1860
> Im Alter…
> … n M…

Die beiden Säulen gehören zu den frühesten Grabsteinen auf dem Friedhofsgelände.

GRABMAL ANNA MARIA & GEORG PFAFFMANN. (B 289) Um 1890, Historismus. Sandstein mit Inschriftentafeln aus Marmor. Höhe ca. 112 cm. Mäßiger Erhaltungszustand.

Städtische Ehrengrabstätte. Schrägstehende Breitstele mit zwei Inschriftenmedaillons. Dekor: Weiße Zweige in den Zwickeln. Eiserne Grabeinfassung.

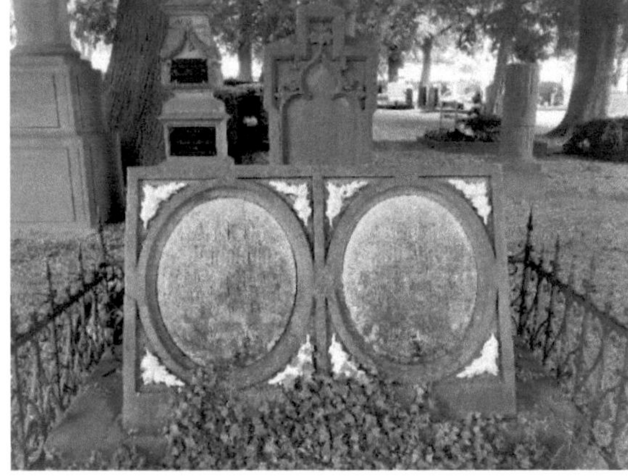

Typisch für die Zeit ab 1850 war allgemein die Einfassung der Gräber mit Grabgittern aus Schmiedeeisen oder industriell gefertigtem Gusseisen, so dass die Friedhöfe aus lauter kleinen Parzellen (den sog. Totengärtchen) bestanden.

Der Grabstein des Ehepaars Johann Georg Pfaffmann (1825 – 1895) und Anna Maria Pfaffmann (1824 – 1890) gehört zur Städtischen Ehrengrabstätte Pfaffmann-Forthuber. Die Bezeichnung „Städtische Ehrengrabstätte Pfaffmann – Forthuber" gilt einem sog. Vermächtnisgrab: Anna Maria, geb. Pfaffmann, und Georg Pfaffmann waren die Großeltern mütterlicherseits von Richard Forthubers Frau Berta Forthuber, geb. Schmidtborn.

Mit dem Versterben der Großeltern ging ein Grundstück an die Gemeinde. In diesem Zusammenhang wurde im Testament festgehalten, dass die Großeltern in der „Städtischen Ehrengrabstätte Pfaffmann-Forthuber" beerdigt werden sollten.

Dr. iur. Reinhold Joseph Richard Forthuber (1882 Kaiserlautern – 1957 Landau) war seit 1920 Bürgermeister in Neustadt an der Haardt (heute an der Weinstraße). Nach der Reichstagswahl im März 1933 wurde er von Gauleiter Josef Bürckel wegen „Unzuverlässigkeit" amtsenthoben und in

„Schutzhaft" genommen. Nach dem Krieg wurde Richard Forthuber von den Franzosen entnazifiziert und 1945 zum kommissarischen Oberbürgermeister der Stadt Landau und zum Landrat des Landkreises Landau in der Pfalz ernannt. Richard Forthuber wurde auf dem Hauptfriedhof Landau in einem Ehrengrab beigesetzt.

GRABMAL MARIA SIBYLLA PFAFFMANN. (B) Um 1862, Historismus (Neogotik). Sandstein. Höhe ca. 175 cm. Mäßiger Erhaltungszustand: Rückwärtige Inschrift ausgewaschen.

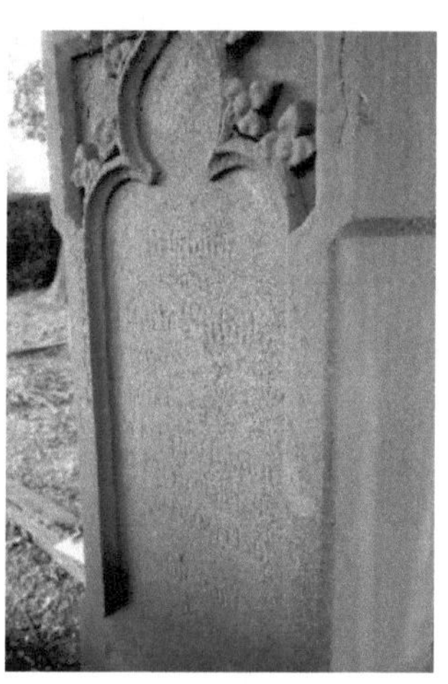

Gotisierende Grabstele der Ehefrau von Georg Jakob Pfaffmann. Die Stele ist dicht hinter Grabmal B 289 positioniert (siehe oben), denn Maria Sibylla Pfaffmann, geb. Wambsganß, war die Mutter von Johann Georg Pfaffmann von Grab B 289.

Relief eines Schmetterlings unter der Inschriftentafel. Der Schmetterling galt als Symbol der Verwandlung, der Seele und des sanften Seelenflugs ins Jenseits. Bei seiner Metamorphose verwandelt er sich von einer Raupe in einen zum Himmel auffliegenden Falter.

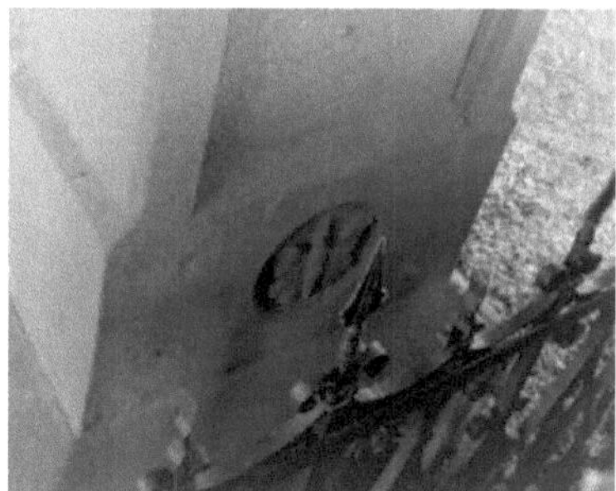

Inschrift:
> *Ruhe sanft.*

Der Grabstein greift, wie der Kirchturm von 1856, auf die Formensprache der Gotik zurück.

GRABMAL FRIEDRICH LORENTZ. (B 50) Um 1944, Reformgrabmal aus der NS-Zeit. Höhe ca. 41 cm. Mäßiger Erhaltungszustand.

Schlichte Breitstele, auf Sockel. Gusseiserne Grabeinfassung aus Steinpfosten mit Kette und Querbalken. Die Grabeinfassung ist möglicherweise älter als die Stele. Um 1900 waren Grabeinfassungen noch sehr häufig.

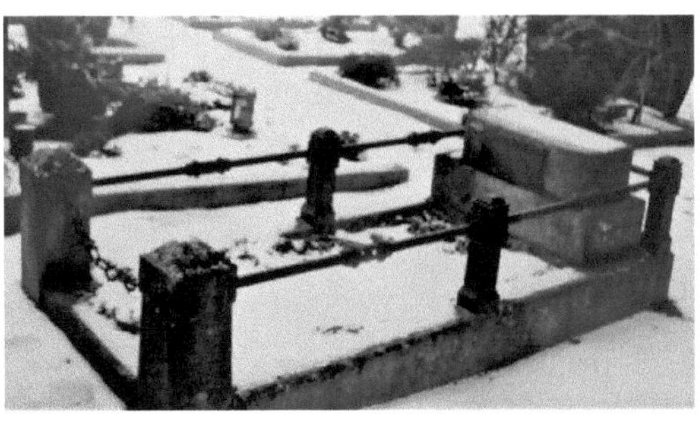

Zeittypische Grabmalform, bei der die Stelen vergleichsweise niedrig waren und klassisch zeitlos erscheinen sollten (sog. Reformgrabmal). Der Reformfriedhof entstand allgemein ab 1910/20 als Gegenentwurf zu den zunehmend als schwülstig-kitschig empfundenen, pompösen Industrie-Grabmalen des Historismus und des Jugendstils, mit ihren lebensgroßen Figuren und allerlei Zierrat, glänzend-schwarzen oder grell-weißen Grabsteinen und goldenen Buchstaben. All das sollte nun einer dezenteren Zurückhaltung weichen, gesellschaftliche Standesunterschiede nivellieren und letztlich auch zu einer starken Konformität führen.

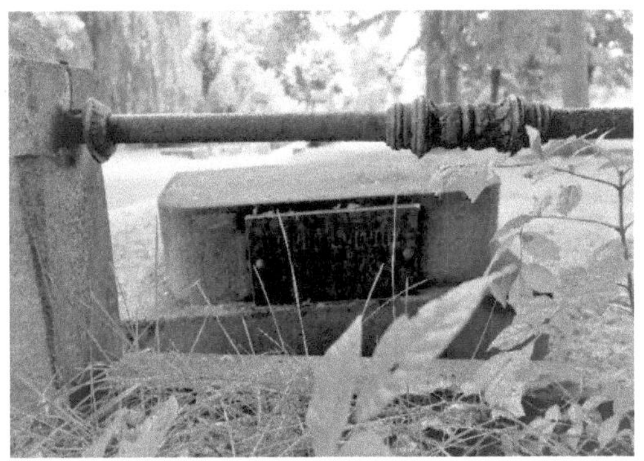

Zwar wurden die Grabsteine in der zweiten Hälfte des 20. Jahrhunderts noch einmal größer und repräsentativer ausgeführt, im beginnenden 21. Jahrhundert ging der Trend aber, ganz im Sinne der früheren Reformbewegung, zu dezenten Urnen-Grabplatten oder sogar zu grabsteinlosen Urnengräbern weiter. Die sich ständig wandelnden Grabmoden führten manchmal auch in Nußdorf dazu, dass Grabmale als altmodisch und unpassend empfunden und daher ohne Reue vom Friedhof abgeräumt wurden.

Das Grabmal Friedrich Lorentz wurde vor allem aufgrund der gusseisernen Grabeinfassung erhalten und weniger wegen des Steins, dessen Schlichtheit sicherlich auch kriegsbedingt (Mangelwirtschaft) zu bewerten ist. Friedrich Lorentz kämpfte im Ersten Weltkrieg und war Gastwirt in Knöringen.

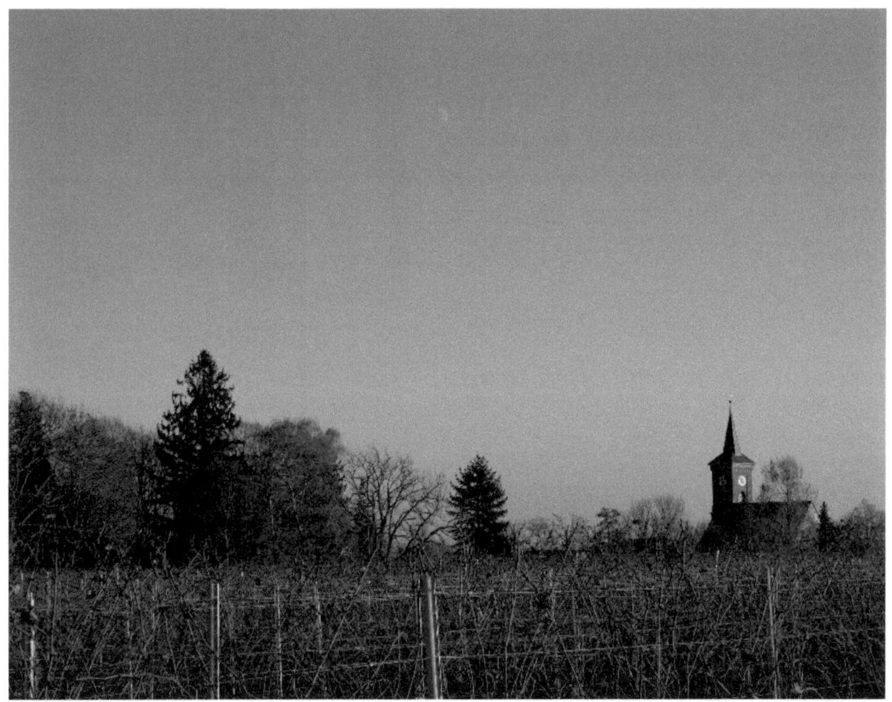

Der Haupteingang

FRIEDHOFSTOR. Kulturdenkmal. 1830, Klassizismus. Sandsteinpfeiler.

Erwähnenswert ist auch das Eingangstor: Zwei Pfeiler auf Sockeln, mit über-
kragenden Kapitellen. Original-Eisentor nicht erhalten.

Pfeilerpendants befinden sich an einem Tor des Landauer Hauptfriedhofs,
ebenfalls um 1830. Stilistisch erinnern
die Kapitelle an Grabmale in Landau
und Bergzabern mit ähnlich gestalteten
Aufsätzen des Bildhauers Bernhard
Würschmitt.

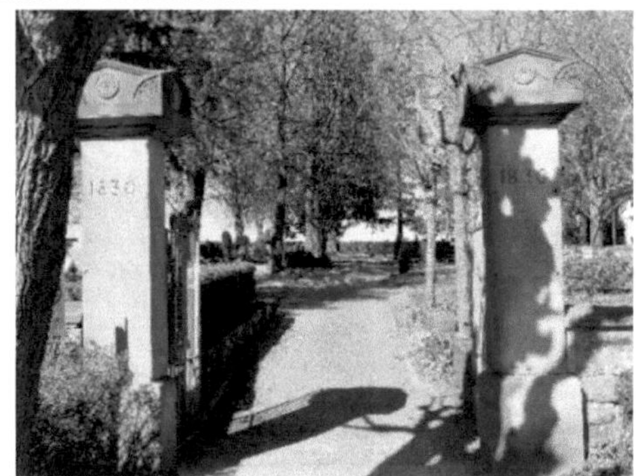

Die Nußdorfer Friedhofsengel

Auf dem Nußdorfer Friedhof sind im westlichen Teil zwei große Grabmale
mit vollplastischen Engelsfiguren erhalten: der „Bodem"-Engel und der
„Gastroph"-Engel.

**GRABMAL FAMILIE FRITZ BODEM. (A 113) Kulturdenkmal. Ende 19. Jahr-
hundert, Historismus (Neoklassizismus). Sandstein mit Inschriftentafel aus
schwarzem Granit. Höhe bis zum Skulpturensockel ca. 198 cm. Noch guter
Erhaltungszustand. Hersteller: Behret & Bodem, Landau.**

Großes Postament mit der Inschrift:
RUHESTÄTTE DER FAMILIEN FRITZ BODEM

Darüber ein weiterer Sockel, darauf eine sitzende, vollplastische Engelsfigur.

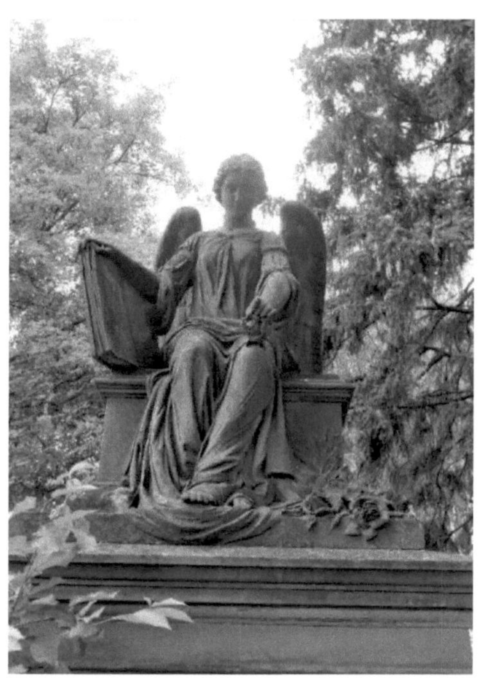

Schöne Bildhauerarbeit von Philipp Jakob Behret:
Weibliche Engelsgestalt in antikisierendem Gewand, den Blick nach unten gerichtet. Ihre rechte Hand stützt sich auf ein aufrecht stehendes Buch, die linke streut eine Rosenblüte. Neben ihrem linken Fuß liegen weitere Blüten und Blätter dahingebettet. Die Rose ist ein Symbol für die Liebe, das frühzeitig beendete Leben und die Vergänglichkeit alles Schönen.

Der Engel ist ein Gottesbote und Seelenbegleiter, der das Buch des Lebens hält. Grabengel gelten allgemein als Schutzengel und Seelenbegleiter. Auf einem hohen Postament symbolisieren sie mit ihren Flügeln die Himmelsnähe und damit ihre Gottesnähe.

Zwei Sockelinschriften erinnern an die verstorbenen Eltern:

Ach, unsere Mutter ist nicht mehr,
Ihr Platz in unserem Kreis ist leer,
Sie reicht uns nicht mehr ihre Hand,
Der Tod zerriss das teure Band.

Was unser Vater uns gewesen,
Das sagt nicht dieser Leichenstein:
Doch Mit- & Nachwelt sollen lesen,
Dass wir auf ewig Dank ihm weihn.

Das Grabmal erinnert an die Zigarrenfabrikanten in Nußdorf. Die Zigarrenfabrik Bodem befand sich ehemals im Anwesen Lindenbergstraße 48.

GRABMAL LUISE & CARL GASTROPH. (A) Kulturdenkmal. Um 1899, Historismus. Sandstein mit Inschriftentafel aus schwarzem Granit und einem Engel aus Galvano (Kupfergalvanoplastik). Höhe des Sockels ca. 186 cm. Noch mäßiger Erhaltungszustand: Auswaschungen und Bestoßungen. Hersteller des Sockels: Behret & Bodem, Landau. Hersteller der Plastik: Galvanoplastische Kunstanstalt, Geislingen an der Steige.

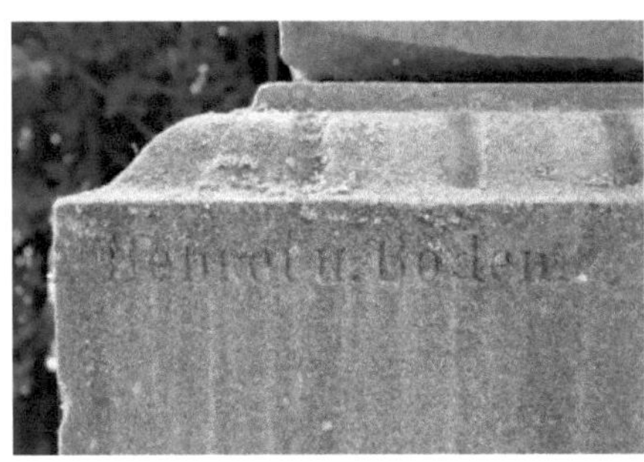

Doppelter Sockel und Postament, darauf eine vollplastische Engelsfigur und ein lateinisches Kreuz. Vor dem Kreuz sitzt die weibliche Engelsgestalt im langen Gewand mit einer Graburne. Ihr Blick ist trauernd nach unten gerichtet, ihre rechte Hand liegt auf dem Gefäß, das mit einer vegetabilen Girlande geschmückt ist.

Carl Gastroph, geb. 1829 in Meisenheim am Glan, war von 1877 bis 1906 Pfarrer in Nußdorf. Das christliche Kreuz ist ein Hinweis auf sein Amt.

Der Nußdorfer „Gastroph-Engel" steht für Großstadtflair und deutsche Industriegeschichte: Die Galvanoplastische Kunstanstalt Geislingen-Steige gehörte zur Württembergischen Metallwarenfabrik (WMF). Sie stellte neben wilhelminischen Kaiserdenkmälern auch Grabfiguren nach Musterkatalogen industriell her, so dass

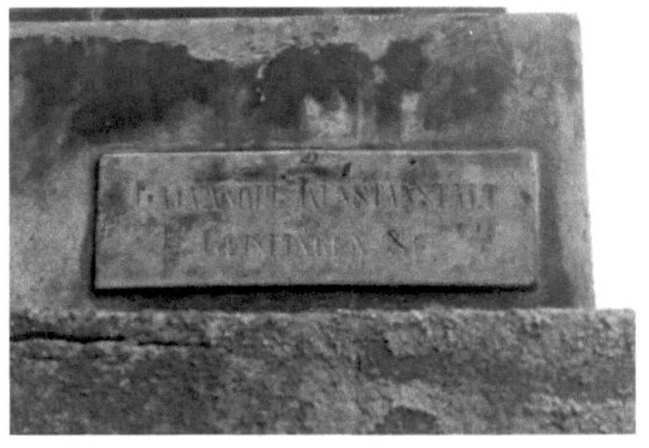

sich der Engel in Varianten auch noch auf vielen weiteren, vor allem großstädtischen Friedhöfen finden lässt wie beispielsweise in Frankfurt, Bochum, Münster, Hamburg-Ohlsdorf u.a.

Im Vergleich zur Bronzeplastik bot die Galvanoplastik eine preiswerte Alternative. Es handelt sich um ein Hohlmodell oder um ein Gipsmodell, das in einem elektrolytischen Tauchbad mit einer dünnen Bronzeschicht ummantelt wurde. Letztlich weniger haltbar, erwiesen sich die Galvanoplastiken doch als relativ langlebig, da sie nicht, wie zahlreiche Bronzeplastiken, als kriegsbedingte Metallspenden eingeschmolzen wurden. Auch die Firma Villeroy & Boch produzierte damals diesen sitzenden Grabengel mit Urne, jedoch in einer Terrakotta-Ausführung.

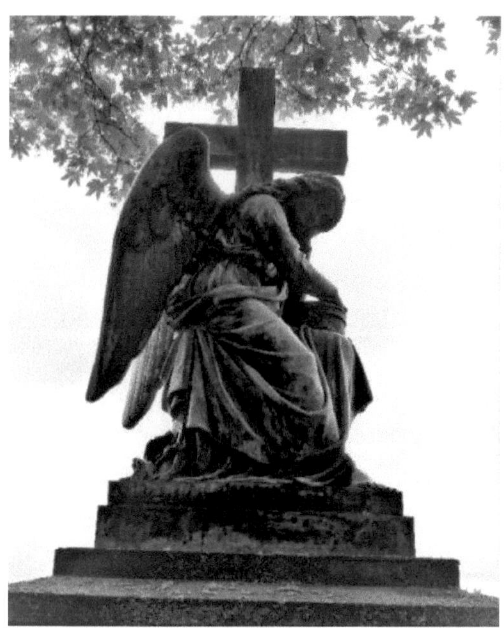

Ab 1820 verbreiteten sich Figurengrabmale auf deutschen Friedhöfen. Um 1900 – 1920 gab es einen allgemeinen Boom mit lebensgroßen Figuren auf Sockel oder Postament. Bis um 1925 konnten Stelen auf Sockel und Postament eine Höhe von mehreren Metern erreichen, danach wurden sie wieder niedriger. Grabengel waren in der Kaiserzeit bzw. um 1880 – 1920 allgemein sehr verbreitet. Zu hunderten standen sie auf großstädtischen Friedhöfen. Die Engel sind Teil der Himmels- und Paradiesvorstellung. Die Blütezeit der Galvanoengel lag um 1904 – 1911.

An die beiden Weltkriege im 20. Jahrhundert erinnern zwei Gefallenendenkmale:

KRIEGERDENKMAL 1914 - 1918. Kulturdenkmal. 1921. Stein/Gussstein mit Inschriftentafel aus Bronzeguss. Hersteller: Behret & Bodem, Landau.

Großes Postament aus Beton mit Inschriftentafel der 62 Gefallenen des Ersten Weltkriegs, auf Sockel. Darüber ein nackter trauernder Krieger als Halbrelief. Sein rechter Arm hängt herab, die Hand ist leer. Der Kopf ist nach unten geneigt, seine linke Hand liegt im Trauergestus auf dem Haupt. Allgemein typisch für den Typus des trauernden Kriegers sind seine heroische Nacktheit und seine verhaltene, in sich gekehrte Haltung.

Unter der Inschriftentafel von 1972 das Relief eines Ährenbündels auf dem Sockel. Die Ähren symbolisieren die Ernte, das Lebensende und den Tod.

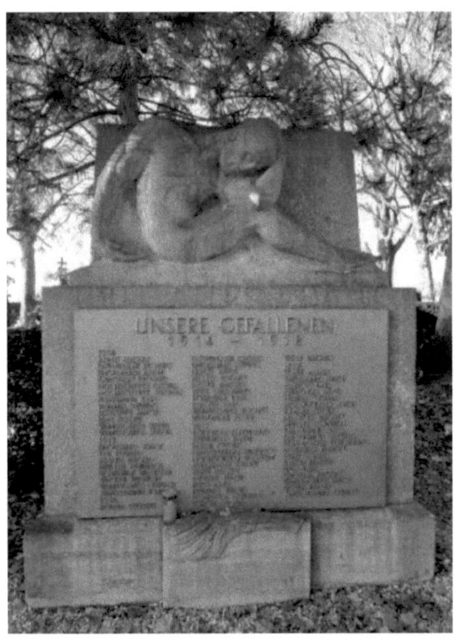

Ursprünglich stand das Ehrenmal repräsentativ erhöht im Ort, im Pfarrgarten des alten Pfarrhauses, am Dorfplatz in der Kirchstraße (auf Höhe der Mündung der Walsheimer Straße).

Im November 1921 wurde das Denkmal von der Firma Behret & Bodem an Bürgermeister Georg Reiss übergeben und durch Pfarrer Johannes Stilgenbauer eingeweiht. Dazu gab es einen Festzug und Musik der Nußdorfer Vereine. Den Dank der Krieger sprach Fritz Bodem nach einem „Prolog der Fräulein" Emilie Wambsganß und Emilie Lorentz sowie

Gedichten der Schulkinder. Am Festzug beteiligt war auch der Kriegerverein, in dem Kriegswitwen und Hinterbliebene, ehemalige Kriegsteilnehmer und Kriegsinvaliden mitmarschierten.

1972 wurde der Stein durch die Firma Behret & Bodem auf den Ehrenhain (siehe unten) im Friedhof versetzt.

GEFALLENENENDENKMAL 1939 – 1945. Aufgestellt 2017. Sandstein mit Inschriftentäfelchen aus Bronze.

Zweiteilige Stele mit zentral „ausgeschnittenem Kreuz", zur Erinnerung an die 91 Gefallenen des Zweiten Weltkriegs. Das Gefallenendenkmal wurde als Ersatz für den abgeräumten Ehrenhain aufgestellt.

Der Ehrenhain war 1950 durch die Bildhauer Ludwig Behret und Franz Pahle auf dem Friedhof angelegt und durch den damaligen Bürgermeister Josef Braunger und den Pfarrer Otto Böll eingeweiht worden. Um eine Ulme waren konzentrisch Findlinge aus rotem Sandstein aufgestellt und mit den Bronzetäfelchen, zum Gedenken an die einzelnen Gefallenen, beschriftet worden.

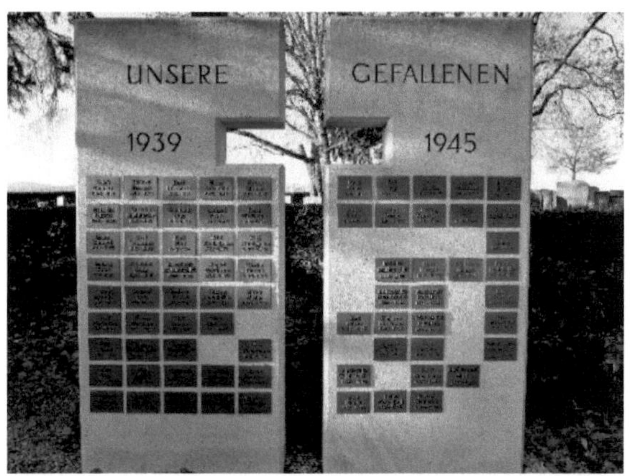

1972 wurde auch das Ehrenmal für den Ersten Weltkrieg auf den Ehrenhain versetzt (siehe oben). 2017 wurde der Ehrenhain abgeräumt, um Platz für Urnengräber zu schaffen.

Die Soldatengräber

Südlich der beiden großen Gefallenendenkmäler stehen drei kleine Steine: Es handelt sich um drei, von ursprünglich acht, Soldatengräber im Bereich des ehemaligen Ehrenhains. Gekennzeichnet sind die Gräber durch gedrungene, steinerne Kreuze.

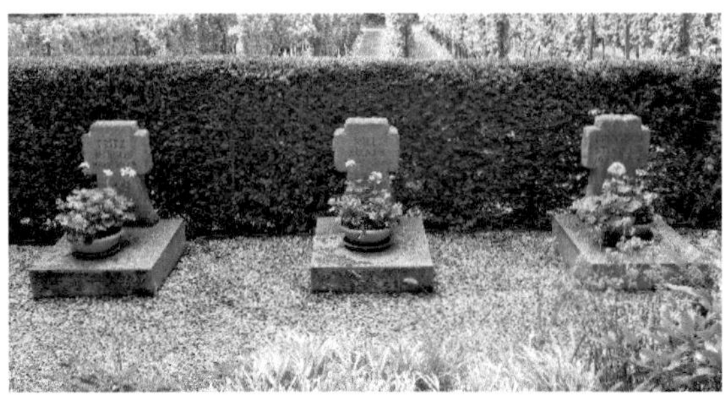

Bei den Gefallenen handelt es sich um:

- Unteroffizier Friedrich Otto Stucken aus München, 1944 in seiner Messerschmidt-Jagdmaschine bei Nußdorf (Gemarkung Hoher Rech) von einer North American P-51 Mustang-Maschine abgeschossen.
- Willi Riemer aus Herne, 1945 bei der Panzerschlacht von Hatten/Rittershofen im Elsass (im Rahmen der Operation Nordwind) gefallen.
- Fritz Möbius aus Chemnitz, 1945 beim Kampf um Landau gefallen (bei der Einnahme Landaus durch die 10th US Amored Division).

Fünf weitere Gefallene wurden 1950 auf den Dahner Ehrenfriedhof umgebettet.

Auf den Britischen Ehrenfriedhof „Rheinberg War Cemetery" umgebettet wurde die siebenköpfige Crew des Royal Airforce-Bombers vom Typ Avro Lancaster, die 1943 bei Nußdorf (Gemarkung Große Hohl) abgestürzt und zunächst in der Nordwestecke des Friedhofs bestattet worden war.

Grabsteine verschiedener Epochen

Von den sonstigen Grabstelen auf dem Nußdorfer Friedhof seien noch weitere Beispiele aus verschiedenen Epochen erwähnt:

GRABMAL VALENTIN PFAFFMANN, Kaufmann. (D) Um 1920. Schwedischer Syenit mit Relief in Muschelkalk. Höhe ca. 140 cm. Hersteller: Behret & Bodem, Landau.

Grabstele des Ehepaars Pfaffmann am nördlichen Friedhofseingang. Eingelassenes Relief einer androgynen, antikisierenden Trauernden, von Bildhauer Ludwig Behret.

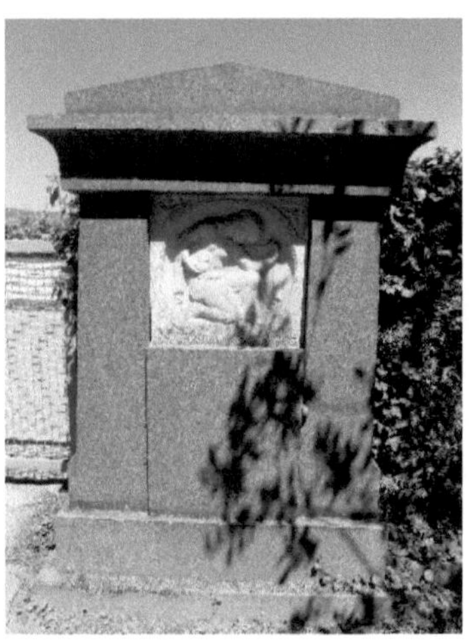

Die idealisierte und antikisierte (und somit zeitlose) weibliche Trauernde war ein beliebtes Motiv. Sie steht für Meditation und Trost. Dargestellt ist die Trauernde mit Trauergestus und Schleier. In den Zwickeln oben geometrische, Sternen ähnliche und unten florale Motive.

Inschrift:
Du bist nicht todt,
schloss auch Dein Auge sich
in unseren Herzen
lebst Du ewiglich.

GRABMAL LUDWIG DUTHWEILER. (B 98) Um 1912, Jugendstil. Muschelkalk. Guter Erhaltungszustand. Hersteller-Schildchen fehlt.

Außergewöhnliche Bildhauerarbeit, vermutlich von der Firma Behret & Bodem.

Ein Korb voller Rosenblüten bekrönt den Grabpfeiler. Die Rose ist ein Symbol für Liebe, Schönheit und Vergänglichkeit.

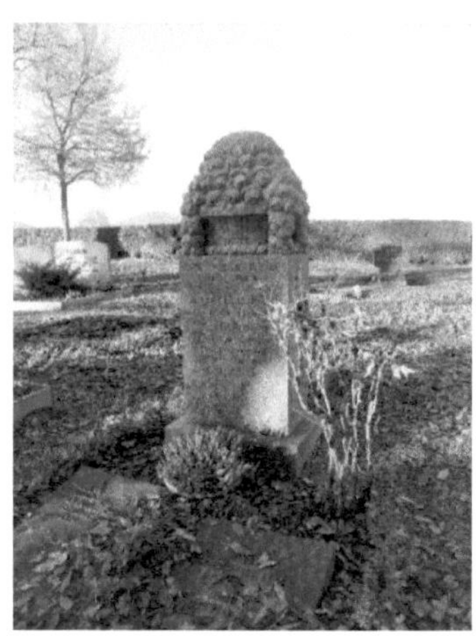

GRAB JOHANN GEORG LEHMANN. (B 110) Inschriftentafel um 1876.

Städtische Ehrengrabstätte. Inschriftentafel in Form einer Schriftrolle, Stele nicht original.

Johann Georg Lehmann war von 1846 bis 1876 Pfarrer in Nußdorf und ein bedeutender Pfalz- Historiker. In Nußdorf wird mehrfach an ihn erinnert.

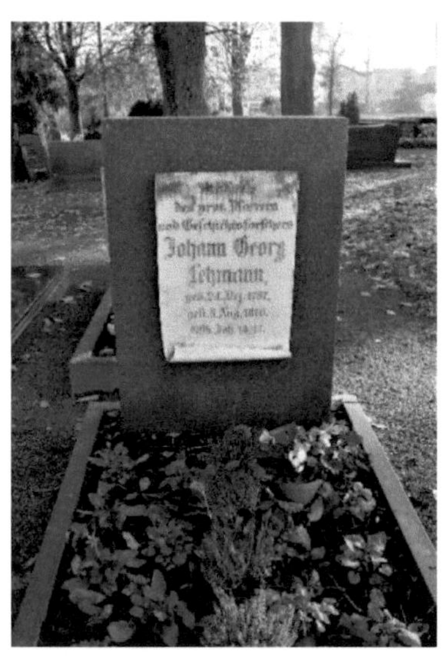

Johann Georg Lehmann (1797 Bad Dürkheim – 1876 Nußdorf) studierte Theologie an der Universität Heidelberg, nahm aber auch Unterricht in verschiedenen Historischen Hilfswissenschaften. Nach seiner Vikarzeit in Heuchelheim (bei Frankenthal) und Ellerstadt, war Johann Georg Lehmann als Pfarrer in Altleiningen, Weisenheim am Berg und Kerzenheim tätig. 1846 erhielt er mit Unterstützung von König Ludwig I. von Bayern die Pfarrstelle in Nußdorf. 1849 verfasste Lehmann eine Denkschrift an das Paulskirchen-Parlament zugunsten der

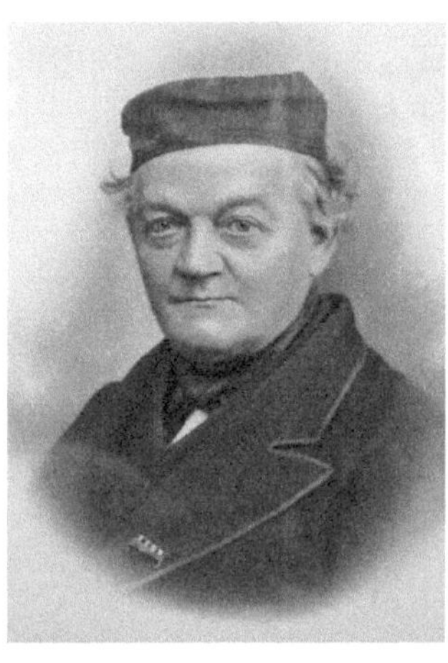

politischen Gleichberechtigung der jüdischen Mitbürger.

Inschrift mit Hinweis auf die Offenbarung des Johannes (Offb 14,13):
Und ich hörte eine Stimme vom Himmel her rufen: Schreibe! Selig die Toten, die im Herrn sterben, von jetzt an;
Ja, spricht der Geist, sie sollen ausruhen von ihren Mühen;
Denn ihre Werke begleiten sie.

GRABMAL HANS SANDFUCHS. (B 114) Um 1982. Weißer Stein, mit Einfassung. Hersteller: Matthias Stauch, Iffezheim.

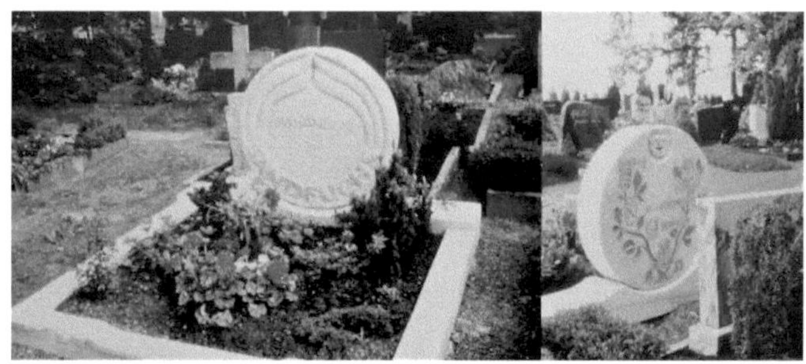

Bildhauerarbeit der frühen 1980er Jahre. Die Rückseite des Steins zeigt die Wappen von Königsberg, Wilgartswiesen, Rohrbach, Haßloch und Nußdorf. Dank Matthias Stauch, dem Schwiegersohn des Verstorbenen, stellt die Grabstele ein Beispiel für repräsentative Steine in den 1970er/80er Jahren dar.

GRABMAL HERMANN HOCHDÖRFFER. (C 2) Um 1903, Historismus. Gelber Sandstein mit Inschriftentafel aus südafrikanischem Granit.

Grabstele mit floralen Motiven und Blüten. Der Stein am Nordrand des Friedhofs ist ein Beispiel für die häufige Doppelnutzung von Grabstelen in Nußdorf. Er

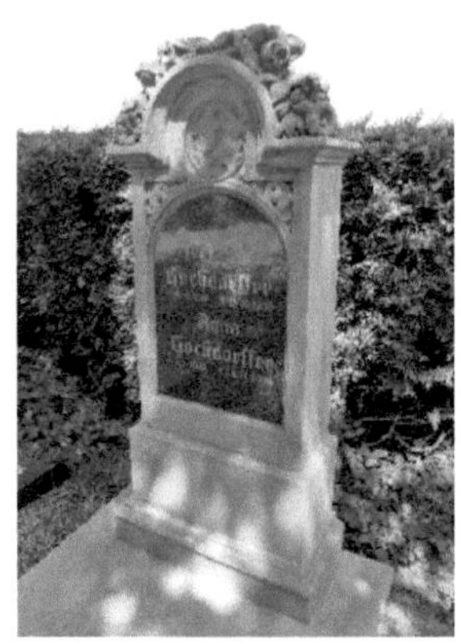

weist vorn und hinten Inschriften auf. Rückseitige Inschrift für Maria Göb, geb. Salm (1838 – 1903) und deren Tochter Margaretha Zimpelmann, geb. Göb (1863 – 1935).

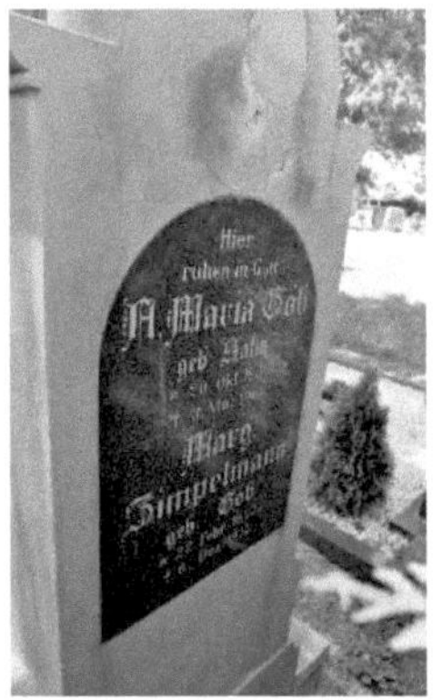

Der Stein ist, nach zwischenzeitlicher Restaurierung, seit 115 Jahren in Benutzung. Er wurde entgegen aller kurzlebigen Grabsteinmoden auf Dauer in Ehren gehalten.

GRABMAL GEORG & SUSANNE ECKER. (B 169) Um 1905. Sandstein.

Sandsteinpfeiler mit eisernem Kreuz auf der Spitze. Die Grabstele der Familie Ecker steht im Zentrum des Friedhofs.

Inschrift Vorderseite:

Hier schlummern dem Auferstehungsmorgen entgegen [...]

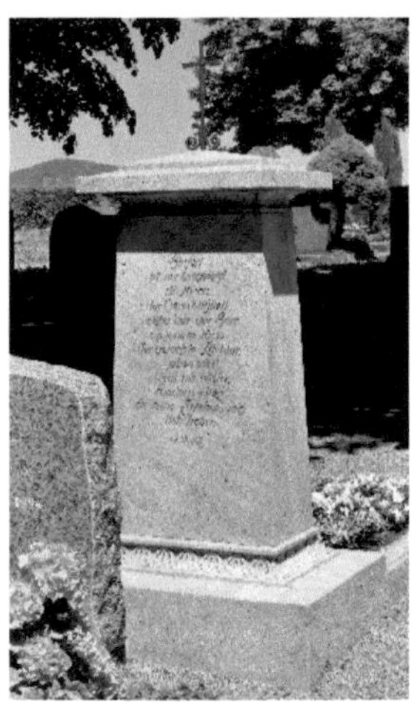

Inschrift Rückseite:

Hinfort ist mir beigelegt die Krone der Gerechtigkeit, welche mir der Herr an jenem Tage, der gerechte Richter, geben wird, nicht mir allein, sondern allen, die seine Erscheinung lieb haben. 2.Tim.4,8

GRABMAL PHILIPP BIERENBAUM. (B) Um 1889. Schwarzer Granit.

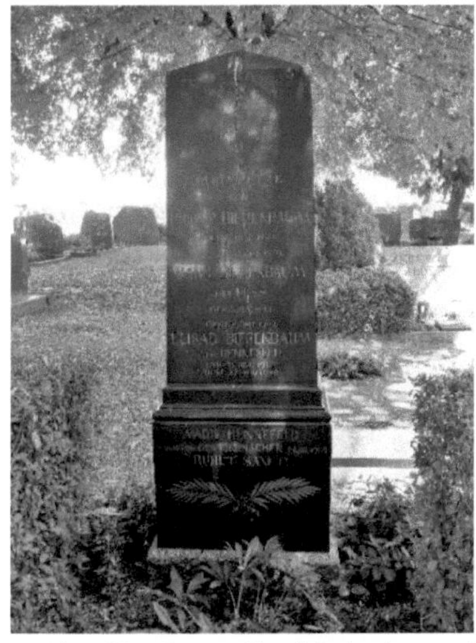 Grabstele der Familie Bierenbaum in Form eines schwarzen Obelisken.
Philipp Bierenbaums Ehefrau Barbara, geb. Hess, stammte von der Nußdorfer Bierbrauerei Hess (ehemals an der Ecke Lindenbergstraße/Am Heimlichen Eck gelegen).

Der Obelisk war ursprünglich in der Antike ein ägyptischer Steinpfeiler, der als steinerner „Sonnenstrahl", Herrschaftssymbol und Verbindung zur Götterwelt (zum Sonnengott Re) interpretiert wird. In der Grabkunst wurde der Obelisk ab 1800 ein sehr beliebtes Motiv. Er steht für Standhaftigkeit und den Sieg über den Tod.

Das Motiv des Palmwedels war bereits in der Antike verbreitet und fand über die römische Kultur Eingang in die christliche Symbolik und Tradition, wie beispielsweise beim Palmsonntag. Der Palmwedel symbolisiert das ewige Leben, den Sieg über den Tod und ewigen Frieden.

GRABMAL ERNST HOCHDÖRFFER. (B 260) Um 1901, Jugendstil. Kulturdenkmal. Gelber Sandstein. Grabstein abgängig.

Fels-Stele mit Darstellung einer Schriftrolle, die von Eichenlaub bekrönt und von Felsgestein flankiert ist. Unter der Schriftrolle zwei sich umfassende Hände.

Die ineinandergelegten Hände stehen für die Treue über den Tod hinaus und die Hoffnung auf ein Wiedersehen im Jenseits.

Ernst Hochdörffer starb im Februar 1901 im Alter von 20 Jahren. Ihm folgte im Dezember 1901 seine Mutter Katharina Hochdörffer, geb. Oster, nach. Die weiteren Verstorbenen waren sein Vater Thomas Hochdörffer (1844 – 1926) und seine Schwester Frieda Bäcker, geb. Hochdörffer (1886 – 1957) mit ihrem Ehemann Otto Bäcker, Bäckermeister (1879 – 1958).

Der Stein befindet sich mittlerweile nicht mehr auf dem Friedhof.

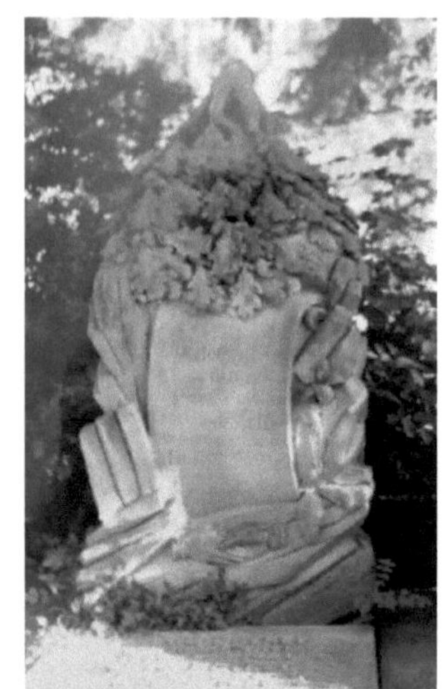

GRABMAL JAKOB WAMBSGANß. (B 103) Um 1910, Jugendstil. Schwarzer Granit. Grabstein abgängig.

Grabstele der Familie Wambsganß-Pfaffmann in einer strengen Jugendstil-Ornamentik. Der Grabstein ist flankiert von zwei Gefäßen und stellt ein weiteres Beispiel für die um 1900 auch in Nußdorf häufig vorkommenden Grabmale aus schwarz-glänzendem Granit dar.

Häufig genutzte Steinarten waren neben dem Schwedischen Granit allgemein auch Diabas, Kunststein und Syenit (1920er Jahre); Marmor; Muschelkalk (um 1890 – 1906); sowie Sandstein (bis 1910).

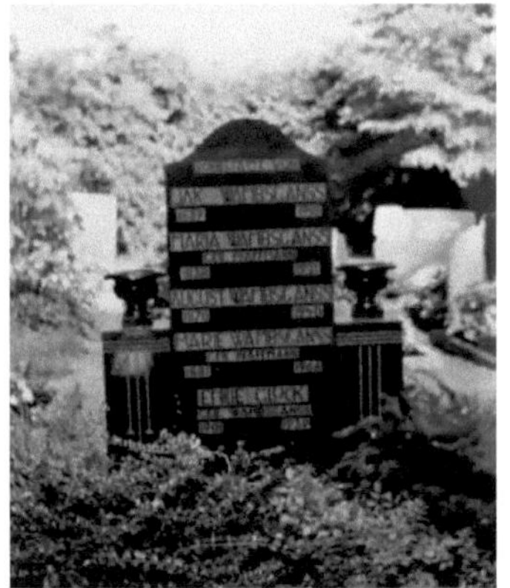

Die Inschriften betreffen Jakob Wambsganß (1839 – 1910), Maria Wambsganß, geb. Pfaffmann (1838 – 1921), August Wambsganß (1870 – 1940); Marie Wambsganß, geb. Pfaffmann (1881 – 1966) und Emilie Glück, geb. Wambsganß (1901 – 1939).

Der Stein befindet sich nicht mehr auf dem Friedhof.

Der ehemalige Pestfriedhof

Im Juli 1666 erreichte eine Pestepidemie die Stadt Landau, deren Maßnahmen in der damaligen Pestverordnung auch heute noch fast aktuell klingen:

- Verbot von Zusammenkünften
- Schließen der Gaststätten und Badehäuser
- Kennzeichnung und Verschließen infizierter Hauswesen
- Verkürzung der Trauerzeit auf 14 Tage
- Abhalten von Bittgottesdiensten
- Abschottung des Gemeinwesens durch Schließen der Tore und Besetzen der Mauern
- Verbot, Vieh außerhalb der Stadt zu weiden
- Anleitung zum gesunden Leben, vor allem Verbot des „übermäßigen Zutrinkens und Vollsaufen, weil dieses dazu führet, dass die Pestilenz schneller in die Körper dringet und die Kräft schmälert"
- Einrichtung von Pesthäusern, die die Kranken aufnehmen sollen
- Ausweisen eines Grundstücks als Pestfriedhof.

Im August wurde diese Pestverordnung in den Dörfern Nußdorf, Dammheim und Queichheim verlesen. Im September folgten das Verbot für Nußdorfer Bürger, nach Landau zu gehen, und das Verbot des Marktbeschickens.

Im Oktober gab es die erste Pesttote in Nußdorf zu beklagen: „Margreth, Georg Leonhard Lauxen Hausfrau, da sie kaum 2. Tag gelegen und den 26. Oktober begraben worden. Ihres Alters 23 ½ Jahr. Hoc prima fuit y peste obuyt" (dies war der erste Krankheitsausbruch).

Gemäß der Anordnung des Stadtmagistrats wurde das Haus der Familie Laux abgesperrt und mit einem weißen Kreuz gekennzeichnet. Kurz darauf starben das Töchterlein Maria Magdalena, 2 Jahre und 8 Monate alt, und „Georg Leonhard Laux, nicht zwei Tage krank".

In Landau sollten die Pesttoten „sine lux et sine crux extra mures" beerdigt werden (ohne Licht und ohne Kreuz außerhalb der Kirchhofsmauern, das bedeutet: ohne Öffentlichkeit, ohne Feierlichkeiten und ohne christlichen Beistand). Auch in Nußdorf wurden die Toten „ohne gesang und predigt auf obrigkeitlichen Befehl besonderen Schreckens halber" begraben.

Das Landauer Pestspital verzeichnete zehn Nußdorfer Bürger, die in der Pestzeit starben und auf dem Landauer Pestfriedhof (heute Waffenstraße) beerdigt wurden. In Nußdorf wurde ein Pestfriedhof bei der Friedhofskapelle angelegt, vermutlich ein Massengrab nördlich der Kirche.

Im März 1667 vermerkte der damalige Pfarrer im Kirchenbuch: „Ist Hans Bichel, nachmittags zwischen 3. und 4. Uhren sanfft im Herren entschlafen und folgenden 1. April mit gesang und klang, wie vorhin üblich bestattet worden". Offenbar war mit Hans Bichel die Pestwelle überwunden, er wurde wieder mit Musik beerdigt. Auch die nächste Tote im Juli, ein Kleinkind, starb nicht an der Pest, sondern an der Weißen Ruhr.

Vermutlich 76 Nußdorfer starben, bei einer Einwohnerzahl von 450 Personen, zwischen Oktober 1666 und März 1667 an der Pest. Im Juni 1667 fand in der Landauer Stiftskirche ein Dankgottesdienst statt, „nach Verfluss nachgelassener Contagion" (nach dem Ende der Pestwelle).

Der ehemalige Soldatenfriedhof

Der Soldatenfriedhof wurde nach 1702, vermutlich ab 1713, für die Gefallenen der Belagerung der Landauer Vauban-Festung auf Nußdorfer Gemarkung angelegt. Bis zum Ende der Festungszeit wurde er als Friedhof des Militärhospitals weiterverwendet.

Bis um 1702 war es üblich, die Gefallenen in den Lauf- und Angriffsgräben notdürftig zu verscharren, was jedoch regelmäßig zu Aufdeckung der Leichen durch Erosion und zu Tierverbiss führte. 1812 wurde der Friedhof als „Cimetière Militaire" bezeichnet, 1826 dann als „Friedhof Nr. 171". 1877 wurde der Militärfriedhof verkauft. 1968 überließ Nußdorf das Gelände der Gemarkung Im Justus/Im Grein der Stadt Landau.

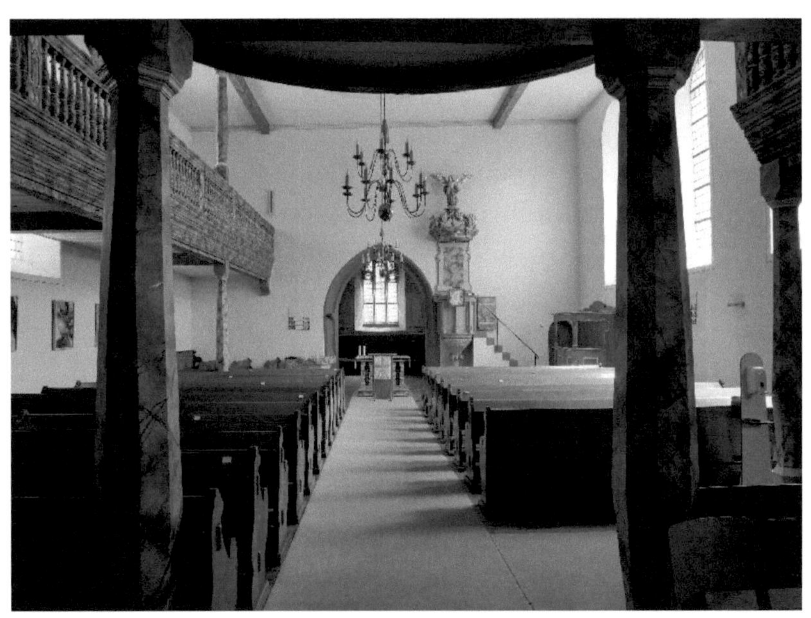

Anhang

Anmerkung

Die Angaben in Klammern, wie z.B. „(A 113)", beziehen sich auf die Friedhofsfelder A, B, C und D, die - von West nach Ost - den Standort des Grabsteines, zusammen mit der Grabnummer, bezeichnen. Nicht immer ist uns die urspr. Grabnummer bekannt. Übernommen wurden die Angaben aus dem Manuskript von Elke Engelhard.

Dank

Für hilfreiche Hinweise bedanken wir uns herzlich bei Alexandra Fischer und Veith Dominik vom Archiv der Stadt Landau in der Pfalz sowie bei Gerhard Blumer, dem Leiter der Friedhofsverwaltung der Stadt Landau in der Pfalz.

Glossar

Barock
Kunsthistorische Epoche, um 1590 – 1770, zur Zeit der Gegenreformation und des Absolutismus. Mit Ursprung in Italien, Begriff aus dem Portugiesischen „barroco" (Perle). Dekorativer Stil, der gefühlvoll, theatralisch und prunkvoll wirken soll.

Cimetière
Französisch für „Friedhof".

Epitaph
Verzierte Grabplatte, meist senkrecht an der Wand stehend. Begriff aus dem Griechischen „epi taphos" (beim Grab).

Gotik
Kunsthistorische Epoche des Spätmittelalters, um 1140 – 1520, mit Ursprung in Frankreich. Begriff aus dem Italienischen „gotico" (barbarisch, fremdartig). Typisches Merkmal der Gotik sind die Spitzbögen.

Historismus
Kunsthistorische Epoche, um 1850 – 1910, zur Gründerzeit. Typisch ist der Stilpluralismus, das Aufgreifen früherer Epochen als Neo-Gotik, Neo-Barock, Neo-Romantik u.a. Der Stil betont die Verankerung des Menschen in der Tradition und seine Prägung durch die Geschichte (Historie).

Ikonografie
Die Deutung und Beschreibung der Motive (auf den Grabsteinen), zwecks Entschlüsselung ihrer Symbolsprache. Begriff von Griechisch „eikon graphein" (Bildbeschreibung).

Jugendstil (Art nouveau)

Kunsthistorische Epoche, um 1895 – 1914, zum „Fin de siècle" (Ende des Jahrhunderts). Begriff nach der Münchner Kulturzeitschrift „Jugend". Ein floraler, ornamentaler Stil als Gegenbewegung zum Historismus und zur Industrialisierung. Zentren waren u.a. München, Darmstadt, Karlsruhe, Wien, Paris und Nancy.

Kapitell

Oberer Abschluss einer Säule oder eines Pfeilers. Begriff von Lateinisch „capitellum" (Köpfchen; „caput" ist das Haupt oder der Kopf).

Katechismus

Handbuch zur Unterweisung des christlichen Glaubens. Begriff von griechisch „kata echein" (herab tönen, unterrichten).

Kirchenunion

Zusammenführung verschiedener christlicher Kirchen. Der Begriff „Unierte Kirche" bezeichnet die Vereinigung protestantischer Konfessionen, besonders der Lutheraner (nach Martin Luther), der Reformierten (nach Ulrich Zwingli und Johannes Calvin) und der Calvinisten (nach Johannes Calvin).

Klassizismus

Kunsthistorische Epoche, um 1770 – 1840. Nimmt Anleihen aus der klassischen Antike (griechische und römische Vorbilder). Umfasst die Stilrichtungen „Louis-seize" (Epoche König Ludwig XVI.), „Empire" (Epoche Napoleon I.) und „Biedermeier" (Epoche zwischen Wiener Kongress und Deutscher Revolution).

Lapidarium

Sammlung von kulturhistorisch interessanten oder wertvollen Steinen, die meist direkt an ihrem Ursprungsort ausgestellt sind. Begriff von Lateinisch „lapis" (Stein).

Nekropole

Begräbnisstätte oder Gräberfeld, häufig der Antike. Begriff von Griechisch „nekros polis" (Totenstadt).

Ossuarium

Ein Raum oder Gestell mit Überdachung, zur Aufbewahrung der menschlichen Gebeine. Begriff aus dem Lateinischen „ossa" (die Knochen). Häufig diente auch eine Kapelle als Beinhaus.

Romanik

Kunsthistorische Epoche des Mittelalters, um 950 – 1250. Begriff von Französisch „romanesque" (romanisch, römisch). Typisches Merkmal der Romanik sind die Rundbögen.

Romantik

Kulturhistorische Epoche, um 1790 – 1850, eine Gegenbewegung zum Klassizismus. Mit Ursprung in England, Begriff von Lateinisch „lingua romana" (romanische Sprache, Roman, romantische Poesie). Die Beschäftigung mit alten Mythen und Sagen, eine Vorliebe für Schauergeschichten sowie die Beschreibung von Gefühlen und Sehnsüchten sind typische Stilmittel.

Sarkophag

Antiker Steinsarg. Begriff von Griechisch „sarx phagein" (Fleisch essen, Fleischfresser). Der Begriff stammt von „lithos sarkophagos" (fleischfressender Stein), da man in der griechischen Antike glaubte, dass der Leichnam in einer Steinkiste aus Alaunschiefer besonders schnell verwest.

Seccomalerei

Die Technik der Wandmalerei auf trockenen Putz oder trockenes Mauerwerk zu malen. Begriff von Italienisch „a secco" (aufs Trockene).

Simultaneum

Das Recht auf freie Ausübung des evangelischen und katholischen Glaubens. Eine Simultankirche (seit 1524) wird von mehreren Konfessionen gemeinsam genutzt, mit getrennten Gottesdiensten.

Spolie

Bauteil, Relief oder Skulptur eines älteren Bauwerks oder Denkmals, das in einem neueren Bauwerk sichtbar wiederverwendet wird. Begriff von Lateinisch „spolium" (Raubbeute).

Typologie

Die Einteilung von Objekten, hier der Grabsteine, aufgrund ihrer Merkmale in bestimmte Typen. Begriff von Griechisch „typos logos" (Lehre vom Vorbild).

Vanitas

Die Vorstellung von der Vergänglichkeit alles Irdischen, besonders im Barock ein verbreitetes Thema. Lateinisch für „Nichtigkeit, Eitelkeit", ursprünglich wohl aus dem Hebräischen „häväl" (Windhauch). Das Werden und Vergehen ist gottgewollt, der Mensch jedoch schwankt zwischen Demut und Eitelkeit, während hinter seiner Schönheit der Tod lauert.

Lageplan

Übersicht über die Lage

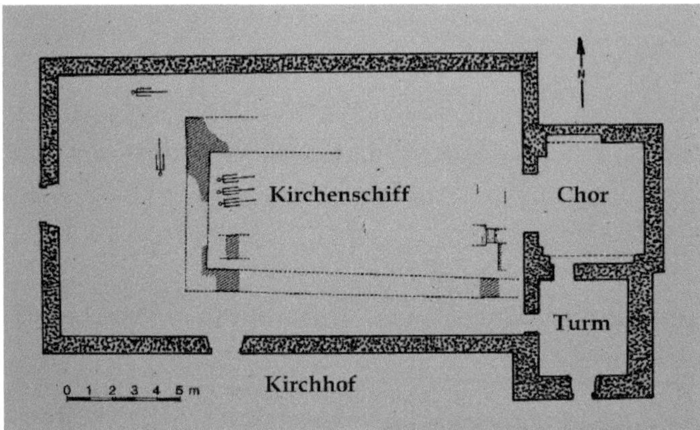

a) Kirche: Der Grundriss zeigt den spätgotischen Kirchenchor und den neogotischen Kirchturm im Osten sowie das barocke Kirchenschiff über älteren Vorgängerbauten und früheren Bestattungen im Westen.

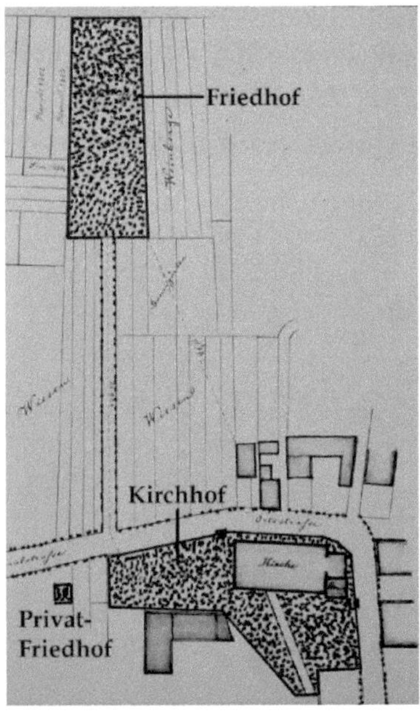

b) Friedhöfe: Der barocke Kirchhof lag direkt südlich an der Kirche, der ehemalige Privatfriedhof von 1824 lag etwas westlich des Kirchhofs und der neue Friedhof von 1830 befindet sich etwas entfernt von der Kirche im Norden.

Regionale Bildhauer (Auswahl)

Dr. Bernhard Gottfried Joseph WÜRSCHMITT (1788 Mainz – 1853 Bergzabern). Würschmitt war von 1826 bis 1853 in der Pfalz tätig und gilt als Begründer der „Bergzaberner Bildhauerschule".

Friedrich SANWALD (1835 – 1909), ein Würschmitt-Schüler.

Die Bildhauer HONECK (Landau) und WAMBSGANSS (Nußdorf) waren um 1870 tätig.

Philipp Jakob BEHRET (* 1871 Bergzabern), ein Sanwald-Schüler. Behret ließ sich 1897 mit Unterstützung seines Schwiegervaters, des Nußdorfer Zigarrenfabrikanten Jakob Bodem, in Landau nieder. Erhaltene Arbeiten: Grabmal Familie Fritz Bodem (A 113), Grabmal Jakob Bodem (B 88).

Ludwig BEHRET (* 1898 Landau), Sohn von Philipp Jakob Behret. Erhaltene Arbeiten: Grabmal Valentin Pfaffmann (D), Kriegerdenkmal 1914 – 1918 (vermutlich).

Franz PAHLE (* 1883 Landau), gründete um 1930 sein Bildhauer-Unternehmen in Nußdorf.

Georg PAHLE (* 1906), ein Sohn von Franz Pahle, war ebenfalls in Nußdorf tätig (um 1930 bis 1955).

Nußdorfer Bürgermeister (Auswahl)

FRIDERICUS scultetus (um 1279), der früheste, namentlich bekannte Schultheiß.

Heinz MEYSCH, Schultheiß um 1406, ein Verwandter, vielleicht der Ehemann, der 1398 verstorbenen Kunigunde Meyschen, deren Grabplatte sich im Kirchenchor erhalten hat.

Georg Bernhard ZIMPELMANN (1689 – 1773), stiftete zusammen mit seiner Frau Eva Margarethe, geb. Keller, das Grundstück für den Friedhof. Sein Grabstein befindet sich auf dem Kirchhof. Er war vermutlich Schultheiß, auf jeden Fall aber ein Sohn des Schultheißen Johann Jakob Zimpelmann.

David PFAFFMANN (1766 – 1823), seine Grabsäule steht im Lapidarium auf dem Friedhof.

Georg REISS, Bürgermeister von 1920 bis 1938, weihte 1921 das Kriegerdenkmal auf dem Friedhof ein.

Josef BRAUNGER, Bürgermeister ab 1945, weihte 1950 den Ehrenhain auf dem Friedhof ein.

Nußdorfer Pfarrer (Auswahl)

Pleban FRITZO (um 1274), der früheste, namentlich bekannte Pfarrer.

Johannes ZIMMERMANN, Pleban im 15. Jahrhundert, ein Teil seiner Grabplatte hat sich im Kirchenchor erhalten.

Johann Tobias SARTORIUS (1683 – 1738), Hofdiakon in Dürkheim. Seine Grabplatte steht an der nordöstlichen Kirchenecke.

Johann Christian BÄHR (1706 – 1741), seine Grabplatte steht im südlichen Kirchhof neben der seiner Frau Anna Elisabetha Reinhard, geb. Caspari.

Georg Philipp REINHARD, die Grabplatte seiner Frau Anna Elisabetha, geb. Caspari, verwitwete Bähr, steht im südlichen Kirchhof.

Karl Lukas MAHLA (1764 – 1825), führte Tagebuch zur Zeit der französischen Revolution und amtierte zur Zeit der Kirchenunion. Mahla berichtete auch über die Ereignisse um Bürgermeister David Pfaffmann.

Johann Georg LEHMANN (1797 – 1876), bedeutender Pfalz-Historiker. Seine Ehrengrabstätte befindet sich auf dem Friedhof.

Karl GASTROPH (1829 – 1915), gemeinsam mit seiner Frau Luise ist er in Nuß- dorf bestattet. Das Grabmal befindet sich auf dem Friedhof.

Johannes STILGENBAUER (1855 – 1924), Pfarrer in Nußdorf ab 1906, weihte 1921 mit Bürgermeister Georg Reiss das Kriegerdenkmal auf dem Friedhof ein.

Otto BÖLL (1890 – 1955), Pfarrer in Nußdorf ab 1937, weihte 1950 mit Bür- germeister Josef Braunger den Ehrenhain auf dem Friedhof ein.

Quellen

ARNOLD, Hermann, Privatfriedhöfe in der Südpfalz, in: Pfälzer Heimat 9, 1988.

ENGELHARD, Elke, Erhaltenswerte Grabsteine auf dem Nußdorfer Friedhof, 2002/07 (unveröffentlicht).

GEMEINDEVERWALTUNG NUSSDORF (Hrsg.), Nußdorf 960 – 1960. Ein Dorfbuch, 1960.

GENERALDIREKTION KULTURELLES ERBE RHEINLAND-PFALZ (GDKE RLP), Denkmalliste Rheinland-Pfalz, Kreisfreie Stadt Landau in der Pfalz, 2018.

GSCHLÖSSL, Roland, Im Schmelztiegel der Religionen. Göttertausch bei Kelten, Römern und Germanen, 2006.

JÖCKLE, Clemens/ARNOLD, Hermann, Grabmale der Biedermeierzeit auf pfälzischen Friedhöfen, 1989.

KENZLER, Hauke, Totenbrauch und Reformation. Wandel und Kontinuität. Mitteilungen der Deutschen Gesellschaft für Archäologie des Mittelalters und der Neuzeit 23, 2011, 9-34.

NEUSÜSS, Simone, Bauernkriegsmuseum Nußdorf/Pfalz. Eine Führung durch das Museum und den Historischen Ortsrundgang, 2020.

PETERMANN, Kurt, Kirchenbuch-Abschriften, 1995 (unveröffentlicht).

SCHUBERT, Alexander/BERG, Axel von/HIMMELMANN, Ulrich et al. (Hrsg.), Valentinian I. und die Pfalz in der Spätantike, 2018.

THALMANN, Heinrich/ÜBEL, Rolf (Hrsg.), 1200 Jahre Nußdorf. Stationen einer Ortsgeschichte, 2002.

Zeittafel

- Um 300 n. Chr.: Das Nußdorfer Gebiet gehört zur Provinz Germania Prima. Zeugnisse der römischen Spätantike auf dem heutigen Kirchhügel. Römisch-keltisch-orientalische Kulte. Körperbestattungen setzen sich durch.
- 4./5. Jahrhundert: Ausbreitung der christlichen Religion. Übergang von der römischen zu einer germanischen Kultur unter den Alamannen und den Franken.
- 802: Ersterwähnung Nußdorfs („Nuzdorpf").
- 1289: Ersterwähnung der Nußdorfer Kirche.
- 1294: Erste Erwähnung eines Pfarrers (Pleban Fritzo).
- 1379: Erwähnung der Ägidienkapelle an der Kirche.
- 14./15. Jahrhundert: Mittelalterliche Grabplatten im spätgotischen Kirchenchor.
- 15. Jahrhundert: Spätmittelalterliche Chorfresken (Seccomalerei).
- 1517: Plünderung der Kirche unter Franz von Sickingen.
- Ab 1522: Einfluss der Reformation unter Magister Johannes Bader in Landau. Pfälzer Ritterkrieg unter Franz von Sickingen.
- 1525: Pfälzischer Bauernkrieg beginnt unterhalb der Kirche.
- Um 1550: Reformation in Nußdorf, die Kirche wird evangelisch-lutherisch.
- 1584 bis 1588: Religiös motivierte Hexenverfolgungen in Nußdorf.
- 17. Jahrhundert: Pestfriedhof nördlich der Kirche.
- Ende 17. Jahrhundert: Einwanderungswelle von Schweizern in die Region.
- Um 1680: Nußdorf fällt an das Königreich Frankreich. Rekatholisierungsmaßnahmen unter französischer Herrschaft. Nußdorfer Katholiken bleiben eine Minderheit. Einführung des Simultaneums.
- 1702 bis 1877: Soldatenfriedhof für Landauer Militärs südöstlich von Nußdorf.

- 18. Jahrhundert: Barockfriedhof mit Ossuarium auf dem Kirchhof, südlich der Kirche.
- 1756: Stiftung des neuen Friedhofgeländes nördlich der Kirche.
- 1790: Nußdorf gehört zum Département Bas-Rhin (Niederrhein). Erstmals Wahl eines Maîre und eines Notabeln (Bürgermeister und Gemeinderat) nach französischem Vorbild.
- 1792: Erstmals Wahl eines Pfarrers (Pfarrer Mahla) durch die Gemeinde.
- 1793/94: Säkularisation, kurzzeitige Entchristianisierung der Nußdorfer Kirche in Folge der Französischen Revolution.
- 1815: Kurzzeitige Zuweisung Nußdorfs an Österreich.
- 1816: Nußdorf fällt an das Königreich Bayern.
- 1818: Pfälzische Kirchenunion (Vereinigung von Lutheranern und Reformierten). Bayerischer Erlass für die Anlegung von Friedhöfen am Rand der Siedlungen.
- 1821: Bitte um Aufhebung der Kirchenunion durch Nußdorfer Lutheraner.
- 1822: Proteste gegen die Kirchenunion durch Lutheraner. Nachdruck des Kleinen Katechismus Luthers.
- 1824 bis um 1960: Nußdorfer Privatfriedhof Pfaffmann-Spitzfaden westlich der Kirche.
- 1830: Belegung des neuen Friedhofs nördlich der Kirche mit klassizistischen Grabstelen.
- 1846: Pfarrer Lehmann wird von Bayernkönig Ludwig I. eingeführt.
- 1874: Abspaltung der Alt-Katholiken von den Katholiken.
- 19./20. Jahrhundert: Erweiterung des neuen Friedhofs.
- 1910: Bau der katholischen St. Nepomuk-Kapelle am östlichen Ortsrand.
- 21. Jahrhundert: Anlage des Lapidariums. Brandbestattungen setzen sich durch. Säkularisation schreitet voran.

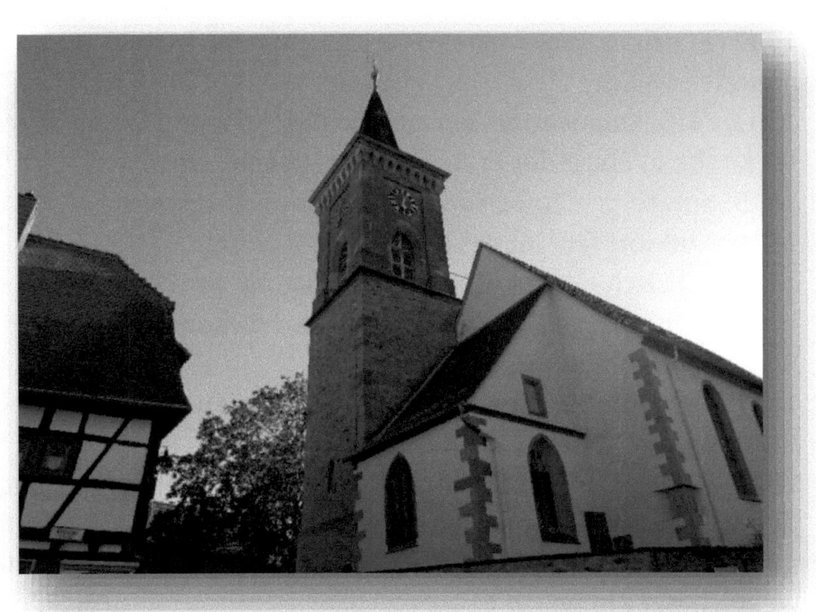